U0583505

吉林通志

二

〔清〕長順　訥欽　修
〔清〕李桂林　顧雲　纂

吉林通志卷七

大事志一

本朝先世發祥於長白山是山高二百餘里緜亙千餘里樹峻極之雄觀萃扶輿之靈氣山之上有潭曰闥門源深流廣鴨綠混同愛滹三江出焉是山孕奇毓異所產珠璣珍貝爲世寶重奇木靈藥應候挺生山之東有布庫里山下有池曰布爾湖里相傳有天女降池畔呑朱果生聖子生而能言體貌奇異及長乘舠至河步其地有三姓爭爲雄長日搆兵亂靡由定有取水河步者見而異之歸語衆曰汝等勿爭吾取

水河步見一男子察其貌非常人也天必不虛生此人衆往觀之皆以爲異因詰所由來答曰我天女所生姓愛新覺羅氏名布庫里雍順天生我以定汝等之亂者衆驚曰此天生聖人也遂舁至家三姓者議曰我等盍息爭推此人爲國主遂定議以女妻之奉爲貝勒其亂乃定居長白山東俄漠惠之野俄朶里城國號曰滿洲是爲

本朝開基之始也八旗通志一

越數世以後不善撫其衆國人叛戕害宗族有幼子名范察者遁於荒野國人追之會有神鵲止其首追

者遥望鵲棲處疑爲枯木中道而返乃得免隱其身以終自此後世俱德鵲誡勿加害云數傳至

肇祖原皇帝生有智略慨然以恢復爲志計誘先世讐人之後四十餘人至蘇克素護河之呼蘭哈達誅其半以雪

祖讐執其半以搜舊業既得遂釋之于是

肇祖居赫圖阿拉地後稱興京距俄朶里城西一千五百餘里開國方略一

戊子年明萬歷十六年蘇完部長索爾果率部衆來歸

太祖以其子費英東佐理政務開國方略二

辛卯年（明萬歷十九年）春正月收服鴨緑江路時環境諸國有抗逆者皆已削平境内所産東珠人薓紫貂黑狐猞猁猻諸珍異之物足備服用國勢日盛乃遣兵招撫長白山之鴨緑江路盡收其衆

同上

癸巳年（明萬歷二十一年）夏六月禦葉赫哈達烏拉輝發四部兵敗之先是辛卯年葉赫貝勒納林布禄（貝勒揚吉努之子）遣使伊爾當阿拜斯翰來告曰烏拉哈達葉赫輝發滿洲言語相通勢同一國豈有五主分建之理今所有國土爾多我寡盍將額勒敏扎庫穆二地以一

二

與我

太祖叱之曰我乃滿洲爾乃呼倫爾國雖大我豈肯取我國

郎廣爾豈得分且土地非牛馬比豈可割裂分給爾等皆

執政之臣不能各諫爾主奈何覥顏來告耶既而葉赫哈

達輝發三國貝勒復各遣使來宴之葉赫使人圖爾

德起請曰我主有言欲相告恐觸怒見責奈何

太祖曰爾不過述爾主之言耳所言善吾聽之如出惡言吾

亦遣人以惡言報之吾豈爾責乎圖爾德曰我主云欲分

爾地爾不與欲令爾歸附爾又不從儻兩國興兵我

能入爾境爾安能蹈我地耶

太祖聞言大怒引佩刀斷案曰爾主弟兄何嘗親臨陣前馬首相交破冑裂甲經一大戰耶昔哈達國蒙格布祿岱善如二童擲骨爲戲以致鬬爭叔姪自相擾亂故爾等得掩襲之何視我若彼之易也爾地豈盡設關隘吾視蹈爾地如入無人境晝卽不來夜亦可至爾其奈我何昔吾以先人之故問罪于明明歸我喪遺我敕書馬匹尋又授我左都督敕書巳而齎龍虎將軍敕書歲輸金幣汝父見殺于明事在甲申年詳後天命四年會未得收其骸骨徒肆大言于我何爲也遂作書遣巴克什阿林察持往

諭之曰爾持此書至葉赫兩貝勒前誦之若懼而不誦即居彼勿復來見我阿林察遂行葉赫貝勒布齋聞之使人迎至家索覩書阿林察出書誦之布齋曰我既見書不必令吾弟納林布祿見也阿林察曰我
主有命此書不令俱見勿復回布齋曰吾弟言辭不遜汝主怒之良是但吾弟見書又恐有傷于汝耳阿林察乃還未幾長白山所屬珠舍哩訥殷二路同引葉赫兵刼我東界洞寨羣臣入告
太祖曰任彼刼之可也此不過我同國之人遠附葉赫刼掠我寨耳水豈能越山而流火豈能踰河而燃乎蓋水必下

流火必上燃珠舍哩訥殷二路終當爲我有也至是葉赫貝勒布齋納林布祿糾哈達貝勒蒙格布祿烏拉貝勒滿泰輝發貝勒拜音達哩四國合兵劫我瑚布察寨

太祖率兵追之設伏于途少引兵亦略哈達國富勒佳齊寨

秋九月擊敗葉赫哈達九部兵葉赫哈達烏拉輝發科爾沁錫伯卦勒察珠舍哩訥殷九部合兵分三路來侵

太祖率諸貝勒大臣詣

堂子再拜

祝曰
皇天后土上下神祇某與葉赫本無讎端守境安居彼來搆
怨糾合兵衆侵陵無辜
天其鑒之又拜
祝曰願敵人垂首我軍奮揚人不遺鞭馬無顛躓惟祈默佑
助我戎行祝畢遂引兵至托克索地立渡處
誡軍士曰盡解爾蔽手去爾護項或項臂傷亦惟
天命不然身先拘縶難以奮擊我兵輕便破敵必矣是夕葉
赫營有一人來降者言葉赫貝勒布齋納林布祿兵
萬人哈達貝勒蒙格布祿烏拉貝勒滿泰輝發貝勒

拜音達哩兵萬人蒙古科爾沁貝勒翁阿岱莽古斯明安及錫伯部卦勒察部兵萬人凡三萬人我兵聞之色變

太祖曰爾等無憂吾必不疲爾力俾爾苦戰惟壁于險隘誘之使來若來我兵迎擊之否則四面列陣以步軍徐進彼部長甚多兵皆烏合勢將觀望不前其爭先督戰者必其貝勒我以逸待勞傷其貝勒一二人彼衆自潰我兵雖少奮力一戰固可必勝耳遂于旦日進兵初葉赫兵攻赫濟格城未下是日又攻

太祖至古埒山對赫濟格城據險結陣

命額亦都率百人挑戰葉赫兵見之罷攻城引兵來戰我軍迎擊敗之斬九人敵稍卻葉赫貝勒布齋錦台什及科爾沁三貝勒復併力合戰布齋突前所乘馬觸木而踣我兵名武談者趨而前踞其身刺殺之敵遂亂錦台什與納林布祿見布齋被殺皆慟哭他貝勒並膽落潰奔科爾沁貝勒明安馬被陷遂棄鞍裸身乘驏馬走

太祖縱兵掩擊積尸滿溝壑追奔至哈達國柴河寨之南明日我兵擒一人至告曰我獲此人將殺之彼大呼勿殺願自贖因縛之來跪

上前
太祖問曰爾何人對曰烏拉貝勒滿泰之弟布占泰也恐見
殺未敢明言生死惟
上命言訖叩首不已
太祖曰汝等九部會兵侵害無辜
天厭汝等昨已擒斬布齋彼時獲爾亦必殺矣今既見汝何
忍殺語曰生人之名勝于殺人與人之名勝于取人遂解
其縛
賜猪猁猻裘贍養之是役也斬級四千獲馬三千四鎧胄千
副以整以暇而破九部三萬之眾自此軍威大振遠

讋懾服矣同上

冬十月取珠舍哩部珠舍哩部長裕楞額以兵助葉赫諸部兵來侵遂遣兵征克珠舍哩路獲裕楞額寬釋其罪遷以歸贍養之同上

閏十一月取訥殷部訥殷部藪穩色克什前此亦以兵助葉赫諸部兵來侵至是聚七寨人據佛多和山寨而居乃

命額亦都安費揚古噶蓋率兵千人攻圍佛多和山寨三月乃下斬藪穩色克什同上

乙未年明萬曆二十三年夏六月攻克輝發部多壁城輝發

貝勒拜音達哩前與葉赫諸部一再來侵

太祖率兵攻克其所屬之多壁城斬城守克充額蘇蒙額二人而還同上

丙申年明萬歷二十四年秋七月遣還烏拉布占泰歸國

命大臣圖爾坤煌占博爾寬斐揚古護送之未至其兄貝勒滿泰父子往所屬蘇斡延錫蘭地修築邊壕父子淫村中二婦其夫夜入皆殺之及布占泰至滿泰之叔興尼雅爭立欲殺布占泰因護送二大臣嚴爲防護不能害興尼雅奔葉赫遂立布占泰爲烏拉國主同上

丁酉年明萬歷二十五年春正月葉赫哈達等部遣使乞盟

葉赫哈達烏拉輝發同遣使來告曰吾等不道兵敗
名辱自今以後願復締前好重以婚媾葉赫貝勒布
揚古願以妹歸
太祖貝勒錦台什願以女妻貝勒代善
太祖許焉具鞍馬鎧冑爲聘吏椎牛刑白馬祀
天設卮酒塊土及肉血骨各一器四國相繼誓曰旣盟以後
若棄婚姻背盟好其如此土如此骨如此血永墜厥
命若始終不渝飲此酒食此肉福祿永昌誓畢
太祖亦誓曰爾等踐盟則已有渝盟者待三年不悛吾乃征
之同上

戊戌年明萬曆二十六年春正月招降安楚拉庫路先是大臣費英東初征瓦爾喀部取噶嘉路殺部長阿球降其衆以歸至是以安楚拉庫路舊屬瓦爾喀部

太祖命長子褚英幼弟巴雅喇與費英東噶蓋統兵一千征之星馳而往取屯寨二十餘招降萬餘人而還同上

冬十二月烏拉貝勒布占泰率三百人來謁

賜甲冑五十

敕書十道禮遣之東華錄天命一

己亥年明萬曆二十七年春正月東海窩集部之呼爾哈路長旺格彰格率百人來朝獻黑白紅三色狐皮黑白

二色貂皮自是每歲朝謁其長博濟哩乞婚

太祖嘉其率先歸附因以大臣女六配其六長開國方略一

甲辰年明萬歷三十二年春正月己未

太祖以后病革時欲見母未能怒葉赫貝勒率兵征之壬戌克二城曰璋曰阿奇蘭取其七寨俘二千餘人而還東華錄天命一

丁未年明萬歷三十五年先是陣獲烏拉布占泰釋歸主其國未幾布占泰以其兄滿泰妻都都祜所珍銅錘送葉赫貝勒納林布祿又以我國所屬瓦爾喀部之安楚拉庫路內河路衆所推服之三人送葉赫引其使

人招誘安楚拉庫內河二路適有東海瓦爾喀部斐優城長策穆特赫來朝告曰吾等因地方遙阻久附烏拉國今其國主布占泰遇我等虐甚乞移家來附開國方略三

春正月

太祖命弟舒爾哈齊長子褚英次子代善大臣費英東扈爾漢率兵三千至斐優城徙之時夜陰晦軍中大纛之上有光衆以爲異捫視無有復樹之光如初舒爾哈齊曰吾自幼從上征討所見多矣未有此異其非吉兆耶欲還兵褚英代善曰或吉或凶兆已定吾等遽還將何以報

命耶遂決意前進至斐優城盡收環城屯寨凡五百戶令扈
爾漢率兵三百護之先行烏拉貝勒布占泰發兵萬
人邀諸路扈爾漢見之令五百戶結寨山巔以兵百
人衛之使人馳告後隊是夕烏拉兵萬人扈爾漢兵
僅二百人各據山一面結營相持翼日烏拉來攻我
大將揚古利爭先奮擊斬烏拉兵七人我兵止傷一
人烏拉兵退渡河登山畏懼不敢前兩軍相向駐營
日過午我後隊兵齊至見烏拉兵甚多褚英代善策
馬而前諭軍士曰吾
父每有征伐無不摧堅陷敵今雖未親行而我等奉

命來此爾衆何憂昔布占泰侵我國我國擒而縛之吾
父宥其死復豢養之俾歸主其國爲時未久人猶是人曾從
吾手而釋非有天幸得脫也今豈不能再縛之耶彼
兵雖多我國荷
天眷仗
天威吾
父威名夙著破敵兵必也衆軍士皆曰願効力遂渡河褚英
代善各率兵五百分二路緣山奮擊烏拉兵大敗代
善追及烏拉統兵貝勒博克多從馬上左手攫其胄
而斬之時天氣晴明忽陰晦大雪寒冽被傷敵兵棄

甲逃者僵仆甚衆是役也陣斬博克多及其子生擒貝勒常住及貝勒瑚哩布斬三千級獲馬五千匹甲三千副東華錄天命一

夏五月

命貝勒巴雅喇巴圖魯額亦都扎爾固齊費英東侍衛扈爾漢率兵千八征窩集部取赫席赫路鄂謨和蘇嚕路佛訥赫托克索路俘二千人還三路並附烏拉招降不從故征之同上

秋九月平輝發國先是葉赫貝勒納林布祿遣使來誓盟見丁酉年未幾背之

太祖遣將穆哈連征蒙古獲馬四十匹以還納林布祿邀于路盡奪之并執送穆哈連與蒙古又以其弟錦台什所許我國貝勒代善之女妻蒙古喀爾喀貝勒齋賽

癸卯年秋

孝慈皇后病篤思見母

太祖遣使至葉赫迎之納林布祿不許甲辰春

太祖率兵征葉赫攻克璋城及阿奇蘭城時輝發貝勒拜音達哩族人多投附葉赫其部衆亦有叛謀拜音達哩恐懼以其臣七人之子來質乞援許焉發兵千人助之納林布祿紿拜音達哩曰爾若歸爾質子吾即返

爾叛族拜音達哩信其言乃曰吾其中立於滿洲葉
赫之間乎遂取回所質七臣之子以已子與納林布
祿爲質納林布祿竟不歸其叛族拜音達哩遣其臣
來告曰吾前者誤爲納林布祿所誑今欲倚賴
上恩乞以女
賜我爲婚
太祖許之後拜音達哩背約不娶
太祖遣使謂曰汝昔助葉赫二次來侵我宥爾罪復許爾婚
今背約不娶何也拜音達哩紿曰俟吾葉赫質子歸乃娶
爾女與爾合謀因築城三層以自固後所質葉赫之

子既歸復遣問之曰爾質子歸今將何如拜音達哩以堅城足恃遂負約丁未年八月彗星出西方九月丙申見于東方指輝發國八夜方滅

太祖郎于是月己亥率兵征之甲辰圍其城克之誅拜音達哩父子招降其衆乃班師輝發之先本姓伊克得哩黑龍江岸尼瑪察部人有星古禮者自黑龍江載木主遷于扎嚕居焉因呼倫國之噶揚阿圖墨圖二人居于璋地姓納喇欲附其姓殺七牛祭天改姓納喇是爲輝發始祖生子備臣備臣生納靈阿納靈阿生拉哈都督拉哈都督生噶哈禪都督噶哈禪都督生

齊訥根達爾漢齊訥根達爾漢生旺吉努招服附近諸部築城于輝發河邊呼爾奇山號輝發國是時蒙古察哈爾國扎薩克圖圖們汗自將圍其城不克而還旺吉努卒孫拜音達哩殺其叔七人自爲貝勒至是國亡開國方略三

戊申年明萬歷三十六年春三月

命褚英同舒爾哈齊之長子阿敏率兵五千征烏拉宜罕山城克之斬千人獲甲三百俘其眾以歸時烏拉貝勒布古泰與蒙古科爾沁貝勒翁阿岱合兵出烏拉城二十里遥望我軍知不可敵遂相約而還九月二字據東

華錄增布占泰因失宜罕山城大懼始遣使往來復通前好執葉赫貝勒納林布祿屬下五十人送我使臣殺之同上

秋九月窩集部之呼爾哈路干人侵我寧古塔城我駐防薩齊庫路兵百擊敗之斬百人生擒十二人獲馬四百匹甲百副餘衆悉降既而降人有逃至窩集部之瑚葉路者匿弗以獻同上

己酉年明萬曆三十七年春二月明令朝鮮歸我瓦爾喀八戶

冬十二月戊申朔

太祖命侍衛扈爾漢率兵千人征窩集部所屬瑚葉路取之收二千戸而還

太祖嘉其功

賞甲冑馬匹

賜號達爾漢時有歸附我國之窩集部綏芬路長圖楞爲窩集部之雅蘭路人所掠東華錄

庚戌年明萬歷三十八年冬十一月

太祖遣額亦都率兵千人往窩集部之那木都祿綏芬甯古塔尼瑪察四路招其路長康古哩喀克篤哩昂古明安圖烏魯喀僧額尼喀哩瑭松阿葉克舒等來歸令

其挈家户前行額亦都旋師至雅蘭路遂擊取之收萬餘人而還國方略三開辛亥年明萬歷三十九年秋七月取烏爾固辰穆稜二路先是窩集部來歸路長僧額尼喀哩二人以

太祖所賜甲四十副置綏芬地爲窩集部之烏爾固辰穆稜二路兵掠去

太祖遣呼爾哈部長博濟哩即己亥年率衆歸附者往二路宣諭歸還所掠弗從乃

命第七子阿巴泰同大臣費英東安費揚古率兵千人征烏爾固辰穆稜二路俘千餘人而還同上

冬十一月攻克扎庫塔城先是東海呼爾哈路扎庫
塔人來降
太祖賜之甲三十副其人以所賜甲送黑龍江濱之窩集部
人被于樹以試射又貪烏拉國布疋受其貝勒布占
泰招撫至是遣額亦都何和哩扈爾漢率兵二千往
征扎庫塔城諭降弗從圍三日攻克其城斬千人俘
二千人並招降環近路長圖勒伸額勒伸令率五百
戶來歸同上
壬子年明萬歷四十年冬十月駐兵烏拉河邊先是烏拉貝
勒布占泰遣使修好既而背盟侵我國所屬窩集部

之呼爾哈路者再復欲娶我國所聘葉赫貝勒布齋女又以鳴鏑射所娶我國公主

太祖聞之怒秋九月癸丑

親統師征之庚申張黃蓋鳴鉦鼓沿烏拉河而行布占泰率兵迎戰至河濱見我兵甲冑鮮明士馬精强軍勢甚盛烏拉兵人人惴恐無鬭志

太祖遂沿河岸而下克其臨河五城又取金州城駐營其城在布占泰所居大城河岸之西距城西門二里許冬十月辛酉朔東方有青白二氣指烏拉城北我軍屯其地三日布占泰晝則率兵出城相持河岸夜則入

城休息遂毀其六城並焚其廬舍糗糧移駐于富勒哈河渡口布占泰親率其臣六人乘舟止河中跪而乞曰烏拉國即

父皇之國也幸勿盡焚糗糧叩首哀籲不已遂回營駐烏拉國五日還兵至烏拉河邊伊瑪呼山岡以木爲城留兵千人守之十二月有白氣起自烏拉國經

上宮殿之南直抵呼蘭哈達

癸丑年明萬歷四十一年春正月平烏拉國先是布占泰悔罪求和仍班師至是聞布占泰以其子綽啟鼐及十七臣之子送葉赫爲質娶我國所聘女又幽寘所娶

我國兩公主遂復

親統師征之布占泰期以正月丙子送其子質葉赫而我兵先一日至攻取遜扎塔城進克郭多鄂謨二城翼日布占泰率兵三萬越富勒哈城列營我貝勒大臣皆欲戰

太祖止之曰征伐大國豈能使之遽無孑遺乎仍以前言申諭之布占泰率兵三萬由富勒哈城而來令軍士步行列陣以待兩軍距百步許我兵亦下馬步戰矢交發如雨呼聲動天

太祖奮然挺身而入諸貝勒大臣率軍士鼓勇縱擊大敗烏

拉兵十損其六七餘皆棄兵甲逃竄遂乘勢奪門克其城

太祖登陴坐西門樓悉樹我軍旗幟布占泰率敗兵不滿百人急還城下見我軍旗幟大驚而奔復遇貝勒代善率精兵邀擊之布占泰勢不能敵逃遁又損兵過半餘皆潰走布占泰僅以身免投葉赫國而去我軍獲馬匹甲冑器械無算盡收撫其所屬城邑駐軍十日大賚有功將士烏拉敗兵來歸者悉還其妻子僕從編戶萬家其餘俘獲分給衆軍乃班師烏拉之先以呼倫爲國號姓納喇與哈達國同以納齊布祿爲始

祖納齊布祿四傳都爾機都爾機生子二長克什納都督次古對珠延古對珠延生泰萬泰萬生布延布延收服附近諸部築城于烏拉河岸洪尼地國號烏拉自稱爲貝勒生子二長布罕次博克多即丁未年貝勒代善陣斬烏拉統兵貝勒布延卒子布罕繼之布罕卒子滿泰繼之至滿泰弟布占泰國乃亡開國方略四

秋九月征葉赫降烏蘇城先是

太祖遣使

諭葉赫貝勒錦台什布揚古曰昔我陣擒布占泰赦其死而贍養之又妻以三女輒敢以恩爲讐是以問罪往征削平

其國今投汝汝其執之以獻使者凡三往錦台什布揚古不從秋九月辛酉

太祖率兵四萬征之有逃卒至葉赫洩軍期葉赫遂盡收散處居民其烏蘇城以痘疫未收我兵圍之

諭城中人降其城長三坦瑚什木遂開門降匍匐謁見

太祖酌金卮飲之各

賜冠服盡焚葉赫所屬璋城吉當阿城雅哈城赫爾蘇城和敦城喀布齊賚城鄂吉岱城及屯寨凡十九處廬舍糧儲收烏蘇城降衆三百戶而還錦台什布揚古使人愬于明日哈達輝發烏拉三國滿洲已盡取之今

復侵我葉赫其意卽欲侵明取遼東以建國都使開原鐵嶺爲牧馬之塲矣明乃遣使來言曰自今以後當與葉赫修好罷兵若不從我言而侵之勢將及我矣遂遣遊擊馬時楠周大岐率練習火器者千人爲葉赫守衛東西二城同上

甲寅年明萬歷四十二年冬十一月遣兵五百征窩集部之雅蘭錫琳二路收降二百戶俘千人而還同上

乙卯年明萬歷四十三年冬十一月窩集部東額赫庫倫人寄語我國之人曰人謂爾國驍勇可來與我等決一戰乃遣兵二千至固納喀庫倫招之不服遂布陣鳴

螺越壕三層毁其柵攻克其城陣斬八百人俘獲萬人收撫其居民編戶口五百乃班師同上

太祖高皇帝天命元年明萬歷四十四年秋九月甲午征薩哈連部凱旋先是七月丁亥

太祖遣大臣安費揚古扈爾漢率兵二千征東海薩哈連部二臣行至烏拉簡河刳舟二百水陸並進取沿河南北三十六寨八月丁巳駐營黑龍江南岸江水常以九月始氷是日衆見他處未氷獨我營近地距對岸二里許結氷如橋約廣六十步皆以爲異安費揚古扈爾漢曰此

天佑我國也引兵以渡取薩哈連部十一寨及還兵舊所過氷橋已解其西偏復如前結氷一道我兵旣渡氷盡解後至九月仍應時而氷遂又招服音達琿塔庫喇喇路卽使犬路諾囉路錫喇忻路乃班師開國方略五

天命二年春二月丙申朔遣兵收海邊部衆時東海沿邊諸部尚多未附

太祖遣兵四百往征凡散處部衆悉收之其島居負險不服者乘小舟盡取之而還同上

天命三年明萬歷四十六年冬十月乙亥東海呼爾哈部長納喀達率百戶來歸

太祖遣二百人迎之
御殿受朝設宴
諭令挈家口願留我國者爲一行未攜家口而願歸者爲一
行分别聚立
賜願留者爲首八人各男婦二十口馬十匹牛十頭錦裘蟒
服并四時之衣田廬器用諸物畢具部衆大悦其願
歸之人感激乞留甚衆乃因還家者寄語曰他國軍
士欲攻伐以殺我等俘掠我家產而
上以招徠安集爲念收我等爲羽翼
恩出望外我鄉兄弟諸人其即相率而來無晚也同上

天命四年春正月丙戌征葉赫

太祖命大貝勒代善率大臣十六人兵五千往守扎喀關以防明兵

親統軍征葉赫辛卯深入其界自克依特城尼雅罕寨距葉赫城東十里克大小屯寨二十餘其逃奔入城者盡追擒之又取葉赫所屬蒙古游牧畜產整兵而還離葉赫城六十里駐營翼日班師初葉赫貝勒錦台什布揚古聞我兵往征遣使向明開原總兵馬林告急馬林率兵助葉赫合兵出葉赫城四十里見我兵勢甚壯不敢戰而退

庚戌

命大臣穆哈連率兵千人盡收呼爾哈遺民東華錄天命三

三月葉赫貝勒錦台什布揚古欲助明與潘宗顔合

其兵甫至開原中固城聞明兵敗大驚而遁

六月己未賚收降呼爾哈路長先是正月庚戌

太祖遣大臣穆哈連率兵千人征東海呼爾哈路至是收其

丁壯二千以還椎牛列筵

賜賚來降路長分二等男婦馬牛衣服田廬器物具備開

國方略六

八月壬申滅葉赫國時葉赫貝勒錦台什居東城布

揚古居西城

太祖與貝勒大臣定攻取策以諸貝勒率兵圍西城

親統八旗將士圍東城星夜進兵葉赫偵者馳告布揚古曰

滿洲兵至矣葉赫人民聞之皆驚擾所屬屯寨居民

近者避入城遠者匿山谷壬申我軍馳向西城布揚

古偕其弟布爾杭古率兵出城西門陟岡鳴角鼓譟

望見我軍旌旗劍戟如林隊伍整肅自度弗能禦倉

皇入城諸貝勒遂督兵圍之

太祖統軍圍東城破其郛布列梯楯呼錦台什出降錦台什

不從答曰我非明兵比等丈夫也我肯束手歸乎與

其降汝甯戰而死耳

太祖遂督兵攻城兩軍拒戰矢如雨雹我兵擁楯登山傍城下掘地欲墮其城城上發火器擲巨石滾木我軍冒矢石穴其城城墮遂入城城上敵衆復迎戰又敗之四面兵皆潰

太祖遣人執幟禁約軍士毋得妄殺又使人持

上黄蓋傳

諭城中降者免死于是城中兵民俱降錦台什攜妻及幼子登所居高臺我兵圍之呼曰汝降速下否則進攻錦台什曰我戰不能勝城破困於家縱再戰豈能勝乎

汝

皇子四貝勒我妹所生也得相見聞其盟言我乃下時

四貝勒攻西城

太祖召之至

命曰爾舅有言待汝至乃下汝往彼下則已不下以兵毀其

臺

四貝勒既往凡勸諭者再三錦台什仍執前言不下令親臣

阿爾塔什來見

太祖諭責之曰離間諸舅與我爲難致明人舉兵四十萬來

非汝也耶念此宜誅汝事既往不汝咎耳汝還語貝勒與

偕來阿爾塔什還勸錦台什不從曰聞吾子德勒格爾被
創在家召之來吾與相見乃下
四貝勒召德勒格爾至與之見德勒格爾謂其父曰我等戰
既不勝城又破今居此臺欲何爲盍下臺生死聽之
勸諫再四錦台什終不從
四貝勒欲縛德勒格爾德勒格爾曰我年三十六乃于今日
死耶殺之可也何縛焉
四貝勒以其言奏
太祖曰子勸父降而不從父之罪也父當誅勿殺其子遂引
德勒格爾見

太祖以所食賜

四貝勒與同食

諭曰此爾之兄也善遇之錦台什妻因其夫不下攜幼子趨

下錦台什引弓從者復擐甲待我兵持斧斤毀其臺

錦台什縱火焚屋宇盡燬我諸將謂錦台什已死令

毀臺之兵退還火燎錦台什身自下爲我兵所執縊

殺之時諸貝勒圍西城招之降不從會東城已破布

揚古布爾杭古大懼使人來告願降以懷疑不敢出

乃令其母來大貝勒以禮接見其母曰汝無盟言故

我二子懷疑而懼耳大貝勒乃以刀劃酒誓曰若汝

等降而我殺之殃及我若我旣誓而汝仍不降殃及汝等汝等不降破汝城必殺無赦乃執酒飲其半分其半送布揚古布爾杭古飲之遂開門降大貝勒引布揚古見

上布揚古復勒馬立大貝勒挽其轡曰爾殆非丈夫耶言旣定又立此躊躇何爲也乃來見布揚古跪不恭僅屈一膝不拜而起

太祖親以金卮賜之酒不恭如初屈一膝偏向酒不竟飲沾脣而已又不拜而起

太祖諭大貝勒曰引爾婦兄去回彼西城是日

太祖深念久之謂吾既不念舊惡欲留而豢養之貸其死予以生全未見有喜色仍讐怨且拜跪亦不少屈此人可豢養耶是夜

命縊殺之其弟布爾杭古以大貝勒故宥其死助葉赫防守之明遊擊馬時楠及兵一千盡殺之葉赫所屬各城俱降其官員及軍民皆弗罪父子兄弟夫婦親戚不令離散財物毫無所取徙其人而還悉予廩給並田廬器用無馬者千人並給以馬初葉赫之先蒙古國人姓土默特滅呼倫國所居璋地之納喇部遂據其地因姓納喇後遷于葉赫河岸建國故號葉赫國其

始祖星根達爾漢生錫爾克明安圖錫爾克明安圖生齊爾噶尼齊爾噶尼生楚孔格楚孔格生台楚台楚生二子長青嘉努次揚吉努兄弟殺服葉赫諸部各居一城哈達國人多歸之青嘉努揚吉努遂皆稱貝勒嵗甲申明甯遠伯李成梁受哈達國所賂金及黑狐紫貂聽讒搆以賜敕賞賚爲名誘青嘉努揚吉努兩貝勒至開原并從兵三百皆殺之青嘉努子布齋揚吉努子納林布祿各繼其父爲貝勒李成梁率兵取其杜喀尼雅罕二寨戊子年又率兵圍攻納林布祿所居東城大傷兵卒不克而歸乃與和好焉納

林布祿弟錦台什布齊子布揚古嗣爲貝勒分居東西城至是葉赫遂滅同上

九年五月甲寅朔擊敗明兵于輝發地明將毛文龍令遊擊三員引兵侵我國所屬之輝發地沿鴨綠江越長白山而至我守將蘇爾棟安擊敗之追逐三日盡殲其衆開國方略

十年三月辛未征東海瓦爾喀部諸將曰喀爾達曰富喀納曰塔裕擕降附之衆三百三十八人以歸朔方備乘

夏四月庚寅勞征克瓦爾喀軍初

太祖命族弟旺善大臣達珠瑚徹爾格統兵一千五百八征

東海瓦爾喀部俘獲甚眾是月己卯

駕出城迎之行抱見禮以獵獲獸百餘及所攜酒二百甕饗

從征士卒及降附戶口開國方略入

秋八月丁丑朔勞征克卦勒察軍初

太祖遣大臣雅護喀穆達尼率兵征東海卦勒察部俘獲二

千八至是凱旋

駕出城宴勞之同上

冬十月己卯勞征克呼爾哈軍初

太祖遣第三子阿拜第六子塔拜第九子巴布泰率兵一千

由北路征東海呼爾哈部侍衞博爾晉備禦偉齊扎

努塞紐克夷諸通貴尼堪率兵二千由南路征東海呼爾哈部博爾晉等招降五百戶先還至是阿拜等俘獲一千五百人以歸出城宴勞之同上

十一月科爾沁貝勒奧巴遣使五人來告察哈爾林丹汗舉兵來侵其勢已迫乙卯

太祖選精騎五千

命三貝勒莽古爾泰

四貝勒及台吉阿巴泰阿濟格碩託濟爾哈朗貝勒舒爾哈齊第六子薩哈璘大貝勒代善第三子等統之而往進至農安塔地林丹汗圍奧巴所居之格勒珠爾根城已數日攻之不克

聞我國援兵至倉皇夜遁遺駝馬無算圍遂解諸貝勒乃振旅還同上

十一年十月丙辰往征東海卦勒察部大臣達珠瑚等以俘獲人口馬牛還備乘朔方

太宗文皇帝天聰元年十二月長白山迤東濱海呼爾哈部三人來朝以黑貂皮入貢方略十一開國

二年春正月東方格依克哩部四頭目率四十人來朝宴之

賜衣各一襲同上

五月長白山迤東濱海呼爾哈部頭目日禮佛塔曰

布克善曰喀秀曰克依克拉來朝各

賜鞍馬段衣并弓矢櫜鞬朔方備乘一

三年秋七月乙未庫爾喀部頭目九人來朝以海豹皮入貢開國方略十二

四年五月呼爾哈部二十一人來朝以貂皮入貢開國方略十三

十一月那堪泰路之呼爾哈人瑪爾圖等攜家屬來歸

命于甯古塔邊地駐牧同上

五年三月甲午勞征克瓦爾喀軍先是

命大臣蒙阿圖率官八員兵三百人往征瓦爾喀五年二月甲戌蒙阿圖自𩁹古塔遣人奏報俘降男女二千餘至是凱旋行抱見禮

諭奬之方略十四開國

七月諾囉路呼爾哈部薩達蘭伊抑扎濟喇瓦爾禪四頭目來朝貢貂狐猞猁猻水獺皮又有頭目額克星格攜家來歸先是黑龍江有伊扎納薩克提伽期納鄂哩喀康柱五頭目來朝事在六月至是江濱呼爾哈部托思科羌圖禮恰克謨察球四頭目來朝俱貢貂狐猞猁猻等皮同上

六年十月

駕至葉赫地行獵方略十六　開國

七年正月乙卯征烏扎拉部師還先是六年冬

命大臣武巴海率兵征烏扎拉部武巴海分八旗兵爲四路

并趨渥赫河斬三百三十八人俘五百餘人獲馬三

百七十貂狐猞猁猻獺貉虎狼等皮千餘張裘二十

餘領至是凱旋

賞賜將士有差方略十七　開國

十一月戊申遣吉思哈武巴海征朝鮮接壤之瓦爾

喀部虎爾哈東華錄作

辛亥

駕出獵於葉赫地同上

八年二月呼爾哈所屬之黑龍江濱頭目羌圖禮瑪爾罕率六姓六十七人來朝貢貂皮六百六十八張開國方略十八

五月甲辰吉思哈武巴海還至甯古塔遣人奏捷俘獲男婦幼小千九百五十名馬牛皮張甚多朔方備乘一

十一月使犬部蓋青屯頭目僧格率五十人來朝貢貂皮同上

十二月癸卯遣大臣武巴海荆古爾岱率每旗將領

一員每牛彔甲兵一名往征瓦爾喀同上

九年正月使犬部索瑣科來朝同上

四月武巴海荊古爾岱等自甯古塔遣噶爾珠奏報收撫瓦爾喀壯丁五百六十八婦女幼穉五百九十六月丙戌遣塞紐克沙努喀克徹尼郎格穆爾泰佟阿圖昂金等章京八員率每牛彔兵一名往迎所降戸口至是武巴海荊古爾岱等攜所招降瓦爾喀部人至

命禮部諸臣出迎大宴之

賞賜有差開國方略二十

十月癸未復發兵征之每旗派官二員每牛彔兵五名漢軍二名分八旗爲四路兩旗合進一路兩黃旗武巴海爲帥以昂金讓默里叟塞鄂屯伊里布蒙格副之率兵二百九十七名由額赫庫倫額勒約索二處進取其地壯丁七百五十八兩紅旗多濟里爲帥以方金布爾薩海雅爾堪聶努克瑚什副之率兵三百五名由雅蘭錫琳瑚葉三處進取其地壯丁七百五十七八兩藍旗扎福尼爲帥以特穆祿諾穆齊多蘭托密善塞格副之率兵二百九十八名由阿庫里尼滿二處進取其地壯丁四百八十八兩白旗武什

塔爲帥以瑭糾和勒多拜斯哈爾瑚新泰滿岱宜爾海副之率兵三百三十七名由諾囉阿萬二處進取其地壯丁一千一十四人仍各攜鄉導人以往出征主帥各授軍律一道其應取壯丁及鄉導人姓名俱載四主帥軍律中武巴海武什塔軍律內增一款云烏扎拉部即天聰六年武巴海征服者百壯丁家勿得侵擾並往招伊兄弟塞亨布克沙等之現居甯古塔者開國方略二十一

十年三月武什塔等奏言八旗將士共俘獲壯丁一千一百六十名婦女一百四十口馬牛皮張無算

賞賚有差同上

四月己丑征瓦爾喀多濟里扈習還辛丑扎福尼道

蘭還獲人丁馬牛皮張甚多

賞賚有差東華錄

崇德元年五月征瓦爾喀俄屯昂金還獲人丁牛馬

皮張甚多

賞賚有差同上

二年閏四月乙卯獵於葉赫同上

六月辛丑敘錫特庫等追剿喀木尼堪部逃人葉雷

功先是天聰十年

太宗命阿賴達爾漢率外藩蒙古諸貝勒兵往追茂明安部下逃人至使鹿部喀木尼堪地方招服葉雷舍爾特庫巴古奈土古奈等來獻葉雷等旋往盜科爾沁部占巴拉天聰八年秋七月與其弟塞爾固楞率兵來朝部下馬八百匹及秉圖王即洪果爾部下馬四十五匹而逃是時秉圖王及伊勒都齊貝勒即棟果爾伊爾登即布木巴哈坦巴圖魯即固穆二人皆郭爾羅斯部長等所屬有四五家散處及出外採捕約五十人皆被殺秉圖王部下十七人追及之逃人還擊殺三人又奪馬十七匹而去經

興京守將扈什塔入告遣甲喇章京錫特庫執信牌往

甯古塔會同守將武巴海率甯古塔兵追之又遣正黃旗牛彔章京噶爾糾執信牌率卦勒察兵沿烏拉地方追緝又遣蒙古衙門撥什庫博羅執信牌往科爾沁部令土謝圖親王巴達哩卓哩克圖親王武克善發兵躡追兼令防失牲畜錫特庫等率二十二人躡逃人蹤跡自多爾博庫地方行至烏拉駐防邊城武巴海率四十五人來會至温多地方圍之諭降不從因攻殺九十四人生擒八十七人獲馬五十六匹葉雷聞知乃殺其妻子遁入山中我兵追至射殺葉雷凡七閱月始還

命管旗大臣迎宴

賞賚有差開國方略二十四

十二月癸亥征瓦爾喀諸將奏捷先是正月癸亥

太宗於朝鮮軍營遣外藩科爾沁扎嚕特敖漢奈曼諸部兵出朝鮮咸鏡道往征瓦爾喀遣蒙古衙門承政尼堪甲喇章京吉思哈牛彔章京葉克舒率每旗甲士十人導之以行道出會甯擊敗朝鮮平壤巡撫兵二千人餘兵悉降五月十九日至烏拉地方遣還蒙古十六旗兵七月己巳復遣喀凱塔克珠來虎舒書翁愛尼噶禮克布圖輝山恩古里雅薩譜巴巴爾噶遜綏

赫德珠瑪喇𧺄貝塔哈布海塞蒙格哈什屯雅布喀
棟果爾滿都祜占楚喀音達禮等率兵一千二百分
爲四路往征瓦爾喀兩黃旗一路率阿庫里尼滿地
壯丁一百名穆稜地壯丁四十名烏爾固辰地南濟
蘭牛彔下喀克篤哩兄弟等壯丁三十名共一百七
十名以圖必善分達哩瑪哈達爲嚮導兩紅旗一路
率綏芬壯丁七十名雅蘭壯丁四十名瑚葉壯丁二
十名烏爾吉壯丁七十名共二百名以圖球恰塔齊
什納爲嚮導兩藍旗一路率額赫庫倫壯丁六十名
額勒以東塞木克勒以西壯丁五十名共一百十名

以愛䪨多爾周常濟里濟布楚爲嚮導兩白旗一路
卒諾囉阿萬壯丁三百名以雅爾布佛得密封濟達
蘇布特赫爲嚮導至是諸將遣六人奏捷言兩黄旗
舒書塔克珠卒甲士六十八入烏爾固辰獲塞約愛
塔哈佛珠武克星額塔克圖男子三十名家口八十
馬七十三兩紅旗恩古里克布圖卒甲士六十八入
綏芬獲剛球畢爾哈木巴爾珠男子二十八人家口
六十五兩白旗哈什屯滿都祜於所入汎地獲吉木
善伊訥肯索畢伯得根哈里瑚阿爾珠克木訥畢爾
珠男子一百三十八家口三百三十馬八十有三並

獲貂狐猞猁猻水獺等皮張甚多於次年四月師還

賜新獲瓦爾喀男婦幼稚等衣服居室器用牲畜等物并

賚喀凱等從征兵丁銀兩有差同上

三年夏四月甲午朔征卦勒察諸將奏捷先是

太宗率諸王貝勒等西獵於大草灘卓索圖爾格尼等處（事在崇德二年十二月）

命葉克舒爲右翼大臣星訥爲左翼大臣與其下阿福尼赫葉訥瑪喇希喀木齊哈喀爾喀瑪鄂謨克圖薩哈納穆成額叟塞阿林巴雅爾圖塞赫哈喇勒岱訥爾特穆圖希福等率兵六百往征卦勒察葉克舒星訥等

師至薩哈勒察俘獲男子六百四十名家口一千七百二十馬一百五十六四牛一百有四頭至是

盛京留守諸王遣兵部啟心郎占巴等齎疏以

聞遣官迎宴之

賞賚有差方略二十五　開國

五年二月丙辰遣多濟里喀珠等率八旗甲士八人嚮導四人往霄古塔會同章京鍾果兌達敏等酌帶兵三四百名往征烏扎拉部多濟里等至烏扎拉俘獲百有十人於六月癸酉師還迎宴於五里外

賞賚有差方略二十八　開國

五月甲辰征瓦爾喀部奏捷先是東方瓦爾喀部衆叛入熊島遣薩爾糺英古納爾泰錫圖等率兵百人往瓦爾喀收其餘黨薩爾糺英古等遂攜嘉哈禪同往收捕餘黨五百人至是戸部啟心郎布丹等自盛京至錦州
御營奏薩爾糺等俘獲男子三百三十六人歸降男子一百四十九人內有捕海豹二百四十三人捕貂鼠一百九十八人仍居彼地攜來者四十四人俘獲家屬七百九十六口歸降家屬四百八十一口攜來者八十三口又來朝之羌都蘇拉庫塞木得三人輝克地方

朱吉喇一人及先降之賴達庫與嘉哈禪之子奇喇納艾都達松阿託和訥俱至其歸降一百四十九人及新獲二百九十二人俱留置鄢朱屯中令每年貢貂皮海豹等物上同

八年春正月辛亥征松阿里江之呼爾哈部師還先是崇德七年九月

太宗命沙爾琥達珠瑪喇率將士往征松阿里江之呼爾哈部閏十一月沙爾琥達等遣人還奏喀爾喀木遮克特庫塔圖庫福提希鄂爾琿斡齊奇庫巴察拉額提奇薩里尼葉爾伯十屯人民俱已招降于月之初十

日自松阿里江旋師至是還遣官迎宴之計獲男婦
幼稚一千六百十九人牲畜六百三十有奇

賞賚有差開國方略三十一

冬十月庫爾喀部賴達庫等及炎楮庫雅喇氏二十
六戶來貢東華錄順治一

世祖章皇帝順治元年甲申春正月甲午

命甲喇章京沙爾虎達率師征庫爾喀東華錄順治二

九年駐守甯古塔章京海色率所部擊羅刹戰於烏
扎拉村朔方備乘六十一

十年始於甯古塔設昂邦章京副都統鎮守同上

十四年鎮守甯古塔昂邦章京沙爾琥達敗羅刹於尚堅烏黑上同

十五年秋七月庚戌鎮守甯古塔昂邦章京沙爾琥達等奏擊敗羅刹兵獲其人口甲仗等物

命兵部察敘以所俘獲分

賜有功將士東華錄順治一

十六年沙爾琥達卒以其子巴海爲甯古塔將軍討羅刹朔方備乘六十一

十七年秋七月丁丑鎮守甯古塔總管巴海等奏臣等率兵至薩哈連松噶里兩江合處偵聞羅刹賊衆

在費牙喀部西界隨同副都統尼哈里海塔等領兵前進至使犬地方伏兵船於兩岸有賊艘奄至伏發賊即回遁我兵追襲賊棄舟登岸敗走斬首六十餘級淹死者甚衆獲婦女四十七戶並火礮盔甲器械等物招撫費牙喀部十五村百二十餘戶

命所司察敘同上

十八年昂邦章京薩兒吳代造船於小烏拉所以征阿羅斯也柳邊紀略

聖祖仁皇帝康熙三年巴海殲羅刹八十八於索倫朔方備乘六十一

老羌屢侵黑斤非呀哈諸種甯古塔歲出大師救之

康熙三年五月將軍巴海乘大雪襲破之於烏龍江自是邊患少息秋笳集二

十五年春移甯古塔將軍駐烏喇雞陵建木爲城統新舊滿洲兵二千並徙各省流人數千修造船艦四十餘艘又有江船數十日習水戰以備老羌扈從東巡日錄

吉林通志卷八

大事志二

虞帝舜二十五年息愼氏來朝貢弓矢竹書紀年一

周武王十五年息愼氏來賓竹書紀年三

周成王九年肅愼氏來朝王使榮伯錫肅愼氏命同上

成王既伐東夷肅愼來賀王使榮伯作賄肅愼氏命尚書注疏十八

成周之會正北方稷愼大麈孔晁注稷愼肅愼也逸周書王會解

康王之時肅愼復至後漢書東夷傳

挹婁古肅愼之國也漢興以後臣屬夫餘同上

元朔元年秋東夷薉君南閭等口二十八萬人降爲蒼海郡漢書武帝紀

元朔元年濊君南閭等率二十八萬口詣遼東内屬武帝以其地爲蒼海郡數年乃罷至元封三年滅朝鮮分置樂浪元菟臨屯眞番四部至昭帝始元五年罷臨屯眞番以幷樂浪元菟元菟復徙居句驪自單單大領以東沃沮濊貊悉屬樂浪後以境土廣遠復分領東七縣置樂浪東部都尉後漢書東夷傳

新莽始建國元年班符命於天下其東出者至元菟樂浪高句驪夫餘資治通鑑三十七

建武二十五年夫餘王遣使貢獻後漢書光武帝紀光武厚答報之於是使命歲通東夷傳

永初五年夫餘夷犯塞殺傷吏人安帝紀夫餘王始將步騎七八千人寇鈔樂浪殺傷吏民後復歸附東夷傳

永寧元年夫餘王遣子詣闕貢獻安帝紀夫餘王遣嗣子尉仇台詣闕貢獻天子賜尉仇台印綬金綵東夷傳

建光元年高句驪馬韓穢貊圍元菟城夫餘王遣子與州郡幷力討破之安帝紀

延光元年春夫餘王遣子將兵救元菟擊高句驪馬韓穢貊破之遂遣使貢獻同上句驪王宮率馬韓濊貊

數千騎圍元菟夫餘王遣子尉仇台將二萬餘人與州郡并力討破之斬首五百餘級東夷傳

永和元年春正月夫餘王來朝順帝紀帝作黄門鼓吹角抵戲以遣之東夷傳

延熹四年十二月夫餘王遣使來獻桓帝紀

永康元年夫餘王元台寇元菟元菟太守公孫域擊破之斬首千餘級東夷傳

熹平三年春正月夫餘國遣使貢獻三國志三十

延康元年夫餘王遣使奉獻同上

夫餘本屬元菟漢末公孫度雄張海東威服外夷夫

餘王尉仇台更屬遼東時句麗鮮卑强度以夫餘在二虜之間妻以宗女尉仇台死簡位居立無適子有孽子麻余位居死諸加國有君王皆以六畜名官有馬加牛加豬加狗加犬使共立麻余牛加兄子名位居爲大使輕財善施國人附之歲遣使詣京師貢獻季父牛加有二心位居殺季父父子籍沒財物遣使簿斂送官麻余死其子依慮年六歲立以爲王同上挹婁自漢以來臣屬夫餘夫餘責其租賦重以黃初中叛之夫餘數伐之其人衆雖少所在山險鄰國人畏其弓矢卒不能服也同上

魏青龍四年五月肅慎氏貢楛矢册府元龜九百六十八

正始中幽州刺史毋邱儉討句驪遣元菟太守王頎詣夫餘位居遣犬加郊迎供軍糧三國志三十

正始中儉以高句驪數侵叛督諸軍步騎萬人出元菟從諸道討之句驪王宮連破走單將妻子逃竄東夷傳云宮奔沃沮六年復征之宮遂奔買溝東夷傳云宮奔北沃沮北沃沮一名置溝婁按買置以字形相似而誤非兩地也儉遣元菟太守王頎追之過沃沮千有餘里至肅慎氏南界刻石紀功諸所誅納八千餘口穿山溉灌民賴其利三國志毋邱儉傳

景元三年四月夫餘國遣使重譯入貢獻其國弓三

十張長五尺五寸楛矢長一尺八寸石砮三百枚皮骨鐵雜鎧二十領貂皮四百枚晉書東夷傳册府元龜魏景元末來貢楛矢石砮弓甲貂皮之屬魏帝詔歸於相府賜其王傉雞錦罽錦帛

晉泰始六年肅愼侵高句驪屠邊蚳王按是時爲中川王然弗子藥盧遣弟達賈伐之拔檀盧城殺酋長朝鮮史略

咸甯三年東夷三國前後千餘輩各帥種人部落內附晉書武帝紀

四年春三月東夷六國來獻是歲東夷九國內附同上

五年十二月肅愼來獻楛矢石砮同上

太康元年六月東夷十國歸化七月東夷二十國朝

獻二年三月東夷五國朝獻六月東夷五國内附三年九月東夷二十九國歸化獻其方物同上

六年夫餘爲慕容廆所襲破其王依慮自殺子弟走保沃沮帝爲下詔曰夫餘王世守忠孝爲惡虜所滅甚愍念之若其遺類足以復國者當爲之方計使得存立有司奏護東夷校尉鮮于嬰不救夫餘失於機略詔免嬰以何龕代之晉書東夷傳

七年八月東夷十一國内附武帝紀

夫餘王依羅遣詣何龕求率見人還復舊國仍請援龕上列遣督郵賈沈以兵送之廆又要之於路沈與

戰大敗之庬眾退羅得復國爾後每爲庬掠其種人賣於中國帝愍之又發詔以官物贖還下司冀二州禁市夫餘之口東夷傳

八年八月東夷二國內附九年九月東夷七國詣校尉內附十年四月東夷十一國內附是歲東夷絶遠三十餘國來獻虜武帝紀　按東夷夫餘傳武帝時頻來朝貢本紀僅載東夷內附貢獻而未明載夫餘故凡著東夷者盡錄之大事志內

永平元年東夷十七國詣校尉內附惠帝紀

大興二年八月肅愼獻楛矢石砮冊府元龜九百六十八

咸康六年石虎建武六年十月挹婁國原註一名肅愼氏遣使通貢

虎召其使而問之答曰每候牛馬向西南眠者三年矣是知有大國所在故重譯來云十六國春秋十六後趙録

永和二年慕容皝仍稱咸康十二年十一月渡遼將軍恪攻高句驪拔南蘇置戍而還十六國春秋二十五前燕録

三年皝遣世子儁及廣威軍渡遼恪折衝慕輿根三將軍率騎萬七千襲夫餘虜其王元及部衆五萬餘口而還皝署元爲鎮軍將軍以女妻之同上　按周濟晉略作滅夫餘

太元九年慕容垂燕元年故夫餘王縈陽太守餘蔚率其衆來降拜餘蔚爲征東大將軍統府左長史仍封夫餘

王十六國春秋四十四後燕錄

隆安四年燕慕容盛長樂二年盛率衆三萬伐高句驪襲其新城南蘇皆克之晉書載記 按十六國春秋云開境七百餘里

宋大明三年肅愼國重譯獻楛矢石砮册府元龜九百六十八

魏太安三年十有二月扶餘國遣使朝獻魏書高宗紀

延興五年勿吉國遣使朝貢册府元龜 按勿吉傳作遣使乙力支朝獻

太和初又貢馬五百匹自云其國先破高句驪十落密共百濟謀從水道并力取高句驪遣乙力支奉使大國請其可否詔敕三國同是藩附宜共和順勿相侵擾乙力支乃還從其來道取得本船汎達本國魏書

勿吉傳

太和二年八月丁亥勿吉國遣使朝獻魏書高祖紀

九年勿吉復遣使侯尼支朝獻明年復入貢勿吉傳

十二年八月甲子勿吉國貢楛矢石砮高祖紀

十七年正月勿吉國遣使朝貢册府元龜　按魏書勿吉傳作遣使人婆非等五百餘人朝獻

景明四年八月勿吉國貢楛矢魏書世宗紀　按勿吉傳作遣使侯力歸等朝貢

正始四年二月已未勿吉國貢楛矢同上

高句驪魏時歲致黃金二百斤白銀四百斤正始中

世祖於東堂引見其使芮悉弗悉弗進曰黄金出自夫餘珂則涉羅所産今夫餘爲勿吉所逐涉羅爲百濟所并二品所以不登王府實兩賊是爲魏書高句驪傳

永平元年二月二年八月三年八月四年八月勿吉國遣使朝獻冊府元龜九百六十九

延昌元年八月二年九月三年七月四年十月勿吉國貢楛矢同上

熙平二年正月勿吉國遣使朝獻是年又貢楛矢同上

神龜元年二月八月勿吉國遣使朝貢同上

東魏天平三年十二月勿吉國遣使朝貢魏書孝靜紀

興和二年六月勿吉國遣使石久云等貢方物勿吉傳

三年勿吉國遣使朝貢册府元龜九百六十九

武定二年四年五年勿吉國遣使朝貢同上

北齊天保五年七月戊子肅慎遣使朝貢北齊書文宣紀

武成帝河清二年三年靺鞨遣使朝貢册府元龜九百六十九

天統元年靺鞨遣使朝貢二年靺鞨遣使朝貢三年

大莫婁靺鞨等國各遣使朝貢四年靺鞨國遣使朝

貢五年大莫婁遣使朝貢北齊書後主紀

武平元年七月靺鞨國遣使朝貢三年勿吉國遣使

朝貢同上

四年六年靺鞨遣使朝貢冊府元龜九百六十九

隋開皇元年七月靺鞨酋長貢方物上同

開皇初遣使貢獻高祖詔其使者曰朕聞彼土人庶多能勇捷今來相見實副朕懷朕視爾等如子爾等宜敬朕如父對曰臣等僻處一方道路悠遠聞內國有聖人故來朝拜既蒙勞賜親奉聖顏下情不勝歡喜願得長爲奴僕也其國西北與契丹相接每相劫掠後因其使來高祖誡之曰我憐念契丹與爾無異宜各守境土豈不安樂何爲輒相攻擊甚乖我意使者謝罪高祖因厚勞之令宴飲於前使者與其徒皆

起舞其曲折多戰鬬之容上顧謂侍臣曰天地閒乃有此物常作用兵意何其甚也〔隋書東夷傳〕

三年四年十二年十三年靺鞨貢方物〔册府元龜九百七十〕

十八年春二月高麗王元率靺鞨萬餘騎寇遼西營州總管韋世沖擊走之〔北史高麗傳〕

開皇中粟末靺鞨與高麗戰不勝厥稽部長都塔濟〔原作突地稽〕率八部勝兵數千人自夫餘城西北舉落內附置順州以處之〔遼史地理志四 按隋書煬帝初渠帥度地稽率其部來歸即其事〕

大業七年春下詔征高麗八年春詔左十二軍出蓋馬南蘇元菟扶餘沃沮等道右十二軍出肅慎等道

段文振爲左候衛大將軍出南蘇道於道中上表曰脫遇秋霖深爲艱阻兵糧既竭强敵在前靺鞨在後遲疑不決非上策也資治通鑑一百八十一

遼東之役靺鞨國渠帥度地稽率其徒以從每有戰功賞賜優厚隋書東夷傳

十一年正月靺鞨遣使朝貢册府元龜九百七十

唐武德二年十月靺鞨酋帥突地稽遣使朝貢突地稽者靺鞨之渠長也同上

靺鞨酋帥突地稽武德初遣閒使朝貢以其部落置燕州仍以突地稽爲總管舊唐書北狄傳 按新書黑水靺鞨傳置燕州在貞

觀二年太平寰宇記作武德三年

五年十一月七年七月靺鞨渠帥阿固郎均來朝九年四月靺鞨遣使朝貢册府元龜九百七十

貞觀二年黑水靺鞨臣附新唐書北狄傳

三年十二月靺鞨遣使朝貢五年十一月黑水靺鞨並遣使朝貢册府元龜九百七十

高麗令東部大人蓋蘇文者監築長城東北自扶餘東南至海千有餘里至是十六年乃畢朝鮮史略

六年十一月靺鞨遣使朝貢八年四月靺鞨渠帥來朝册府元龜九百七十

十八年上將征高麗秋七月詔遣營州都督張儉等帥幽營二都督兵及契丹奚靺鞨先擊遼東以觀其勢資治通鑑一百九十七

十九年正月靺鞨遣使來賀兼貢方物冊府元龜九百七十

帝伐高麗靺鞨北部與高麗合高惠眞等率衆援安市每戰靺鞨常居前帝破安市收靺鞨三千三百人悉阬之新唐書北狄傳

二十一年二月上將復伐高麗以太子詹事李世勣為遼東道行軍大總管李世勣軍旣渡遼歷南蘇等數城高麗多背城拒戰世勣擊破其兵焚其羅郭而

還資治通鑑一百九十八

永徽五年高麗王藏以靺鞨兵攻契丹爲所敗文獻通考三百二十五

六年新羅訴高麗靺鞨奪其三十六城詔營州都督程名振率師討之新書高麗傳 按通鑑作侵新羅北境取三十三城

顯慶三年十二月以左驍衛大將軍渤海都督迴紇婆潤爲左衛大將軍册府元龜九百六十四

龍朔元年正月鴻臚卿蕭嗣業爲扶餘道行軍總管以伐高麗新唐書高宗紀

乾封二年高侃尚在新城元年六月以營州都督高侃爲行軍總管同討高麗

泉男建遣兵襲其營左武衛將軍薛仁貴擊破之侃進至金山與高麗戰不利高麗乘勝逐北仁貴引兵橫擊大破之斬首五萬餘級拔南蘇木底蒼巖三城資治通鑑二百一

總章元年二月李勣等拔高麗扶餘城薛仁貴既破高麗於金山乘勝將三千人攻扶餘城與高麗戰大破之殺獲萬餘人遂拔扶餘城扶餘川中四十餘城皆望風請服泉男建復遣兵五萬人救扶餘城與李勣等遇薛賀水合戰大破之斬獲三萬餘人同上

渤海靺鞨大祚榮者本高麗別種也高麗既滅祚榮

率家屬徙居營州萬歲通天年契丹李盡忠反叛祚榮新書作祚榮父舍利乞乞仲象當從新書與靺鞨乞四比羽各領亡命東奔新書度遼水保太白山之東北阻奧婁河保阻以自固盡忠旣死新書武后封乞四比羽爲許國公乞乞仲象爲震國公赦其罪比羽不受命則天命右玉鈐衞大將軍李楷固新書有中郎將索仇率兵討其餘黨先破斬乞四比羽新書是時仲象已死其子祚榮引殘痍遁去楷固窮躡又度天門嶺以迫祚榮祚榮合高麗靺鞨之衆以拒楷固王師大敗楷固脫身而還屬契丹及奚盡降突厥則天不能討祚榮遂率其衆東保桂婁新書作挹婁此作桂疑誤之故地據東牟山築城以居之祚榮驍勇善用兵靺鞨之衆及

高麗餘燼稍稍歸之聖歷中自立爲振（新書作震）國王遣使通於突厥（舊唐書北狄傳）

中宗即位遣侍御史張行岌往招慰祚榮遣子入侍將加册立會契丹與突厥連歲寇邊使命不達（舊唐書北狄傳）

景雲二年十一月靺鞨遣使貢方物（册府元龜九百七十）

先天二年遣郎將崔訢往册拜祚榮爲左驍衛員外大將軍渤海郡王仍以其所統爲忽汗州加授忽汗州都督自是每歲遣使朝貢（舊唐書北狄傳　按新書云自是始去靺鞨之號專稱渤海）

開元元年十二月渤海王子來朝奏曰臣請就市交易入寺禮拜許之二年二月拂捏靺鞨首領失異蒙越喜大首領烏施可蒙鐵利部落大首領闥許離等來朝四年閏十二月靺鞨部落遣大首領來朝賜物三十段放還蕃拂涅部落遣大首領來朝九百七十一 册府元龜 九百七十四

五年拂捏靺鞨並遣使獻方物五月靺鞨遣使來朝獻方物六年二月靺鞨遣使來朝授守中郎將放還蕃 同上

七年正月拂捏靺鞨越喜靺鞨並遣使來朝各賜帛

五十疋二月拂捏靺鞨遣使貢方物六月丁卯靺鞨渤海郡王大祚榮卒贈特進賜物五百段遣左監門率上柱國吳思謙攝鴻臚卿持節充使弔祭八月大拂捏靺鞨遣使獻鯨鯢魚睛貂鼠皮白兔貓皮同上

祚榮死其國私謚爲高王子武藝立斥大土宇東北諸夷畏臣之私改年曰仁安帝賜典冊襲王并所領新唐書北狄傳

八年八月册渤海郡王左驍衛大將軍大武藝嫡男大都利行爲桂婁郡王同上

九月遣左驍衛郎將攝郎中張越使於靺鞨以奚及

契丹背恩義討之也册府元龜九百八十六

九年十一月渤海郡靺鞨大首領鐵利大首領拂捏大首領俱來朝並拜折衝放還蕃同上九百七十四

十年閏五月黑水酋長倪屬利稽來朝授勃利州刺史放還蕃九月大拂捏靺鞨如價及鐵利大拂涅買取利等六十八人來朝並授折衝放還蕃十月鐵利靺鞨可婁計來朝授郎將放還蕃十一月渤海遣其大臣味勃計來朝並獻鷹授大將軍賜錦袍金魚袋放還蕃十二月黑水靺鞨大酋長倪屬利稽等十八來朝並授中郎將放還蕃同上九百七十五

十一年十一月越喜靺鞨勃施計拂涅靺鞨朱施蒙鐵利靺鞨倪處梨俱來朝並授郎將放還蕃同上

十二年二月丙申鐵利靺鞨淟池蒙來朝授將軍放還蕃越喜靺鞨奴布利等十二人來朝並授郎將放還蕃拂捏靺鞨大首領魚可蒙來朝授郎將放還蕃

乙巳渤海靺鞨遣其臣賀祚慶來賀正賜帛五十疋

丙辰黑水靺鞨大首領屋作箇來朝授折衝放還蕃

十二月越喜靺鞨遣使破支蒙來賀正並獻方物同上

十三年正月辛丑渤海遣大首領烏借芝蒙黑水靺鞨遣其將五郎子並來賀正且獻方物授將軍賜紫

袍金帶魚袋放還蕃三月丙午鐵利靺鞨大首領封阿利等十七人來朝越喜靺鞨茲利施來朝黑水靺鞨大首領烏素可蒙來朝拂涅靺鞨薛利蒙來朝並授折衝放還蕃四月甲子渤海首領謁德黑水靺鞨諾箇蒙來朝並授果毅放還蕃五月渤海王大武藝之弟大昌勃價來朝授左威衛員外將軍賜紫袍金帶魚袋留宿衛黑水部落職紇蒙等二人來朝授中郎將賜紫袍銀帶金魚袋放還蕃同上

安東都護薛泰請於黑水靺鞨內置黑水軍續更以最大部落爲黑水府仍以其首領爲都督諸部刺史

隸焉中國置長史就其部落監領之舊唐書北狄傳

十四年四月乙丑渤海靺鞨王大都利來朝授左武衛大將軍員外置留宿衛册府元龜九百七十五

十一月渤海靺鞨王遣其子義信來朝獻方物同上

十五年二月辛亥鐵利靺鞨米象來朝授郎將放還蕃四月丁未敕曰渤海宿衛王子大昌勃價及首領等久留宿衛宜放還蕃庚申封大昌勃價襄平縣開國男賜帛五十疋首領以下各有差先是渤海王大武藝遣男利行來朝並獻貂鼠至是乃降書與武藝慰勞之賜綵練一百疋八月渤海王遣其弟大寶方

來朝十月又遣其使來朝並獻方物十一月丙辰鐵利靺鞨首領失伊蒙來朝授果毅放還蕃同上

十六年四月癸未渤海王子留宿衛大都利行卒贈特進兼鴻臚卿賜絹三百疋粟三百石命有司弔祭官造靈轝還蕃九月壬寅渤海靺鞨菸夫須計來朝授果毅放還蕃同上

賜黑水靺鞨都督姓李氏名獻誠授雲麾將軍兼黑水經略使仍以幽州都督爲其押使舊唐書北狄傳

十七年三月甲子渤海靺鞨王大武藝使其弟大胡雅來朝授遊擊將軍賜紫袍金帶留宿衛三月壬寅

渤海靺鞨遣使獻鷹是月又獻鯔魚賜帛二十疋遣之八月丁卯渤海靺鞨王遣其弟大琳來朝授中郎將留宿衛冊府元龜九百七十五

十八年正月戊寅靺鞨遣其弟大郎雅來朝賀正獻方物賜帛壬子大拂捏靺鞨來朝獻馬四十匹授武衛折衝賜帛三十段留宿衛二月甲戌渤海靺鞨遣使智蒙來朝且獻方物馬三十匹授中郎將賜絹二十疋緋袍銀帶放還蕃五月己酉渤海靺鞨遣使烏那達利來朝獻海豹皮五張貂鼠皮三張馬瑙盃一馬三十匹授以果毅賜帛放還蕃壬午黑水靺鞨遣

使阿布思利朝貢門作阿布科思來朝獻方物賜帛放還蕃六月戊午黑水靺鞨大首領倪屬利稽等十八人來朝並授中郎將放還蕃九月乙丑靺鞨遣使來朝獻方物賜帛放還蕃同上

十九年二月癸卯靺鞨遣使賀正授將軍放還蕃己未渤海靺鞨遣使來朝授將軍賜帛一百疋放還蕃十月癸巳渤海靺鞨王遣其大姓取珍等百二十人來朝授果毅賜帛三十疋放還蕃同上

二十年武藝遣其將張文休率海賊攻登州刺史韋俊詔遣門藝往幽州徵兵以討之仍令太僕員外郎

金思蘭往新羅發兵以攻其南境屬山阻寒凍雪深丈餘兵士死者過半竟無功而還舊唐書北狄傳按冊府元龜作十年命左領軍將軍蓋福順發兵討之

二十四年朝貢類作二十三年三月乙酉渤海靺鞨王遣其弟蕃來朝授太子舍人員外置賜帛三十疋放還蕃八月鐵利拂捏越喜俱遣使來朝獻方物十一月癸酉靺鞨首領聿棄計來朝授折衝賜帛五百疋放還蕃冊府元龜九百七十五

二十五年正月甲午靺鞨首領九異朝貢類作木智蒙來朝授中郎將放還蕃四月丁未靺鞨遣其臣么伯計來

朝獻鷹鶻授將軍放還蕃八月戊申渤海靺鞨大首領多蒙固來朝授左武衛將軍賜紫袍金帶及帛一百疋放還蕃同上

武藝死其國私謚武王子欽茂立改元大興新唐書北狄傳

武藝病卒其子欽茂嗣立詔遣內侍段守簡往册欽茂爲渤海郡王仍嗣其父爲左驍衛大將軍忽汗州都督欽茂承詔赦其境內遣使隨守簡入朝貢獻舊唐書北狄傳　按册府元龜作二十年唐會要作二十六年今從唐書

二十六年閏八月渤海靺鞨遣使獻貂鼠皮一千張乾文魚百口　是年渤海來寫漢書及三國志晉書

三十六國春秋玉海一百五十三

二十七年二月丁未渤海王遣使獻鷹拂捏靺鞨遣使獻方物渤海王弟大勖進來朝宴於內殿授左武衞大將軍員外置同正賜紫袍金帶及帛一百疋留宿衞十月乙亥渤海遣其臣優福子來謝恩授果毅賜紫袍銀帶放還蕃册府元龜九百七十五

二十八年越喜靺鞨遣其臣野古利鐵利靺鞨遣其臣綿度戶俱來獻方物十月渤海靺鞨遣使獻貂鼠皮同上九百七十一

二十九年二月己巳渤海靺鞨遣其巫失阿利來賀

正越喜靺鞨遣其部落烏舍利來賀正黑水靺鞨遣其臣阿布利稽來賀正皆授郎將放還蕃三月拂涅靺鞨遣首領那弃勃來朝賀正旦且獻方物四月渤海靺鞨遣使進鷹鶻同上

天寶二年七月癸亥渤海王遣其弟蕃來朝授左領軍衛員外大將軍留宿衛同上九百七十五

天寶五載渤海遣使來賀正六載正月渤海黑水靺鞨俱遣使來賀正且各獻方物七載正月黑水靺鞨遣使朝貢三月黑水靺鞨遣使獻金銀及六十綜布魚牙紬朝霞紬牛黄頭髮人蔘八載三月渤海遣使

獻鷹九載正月黑水靺鞨遣使賀正三月渤海遣使獻鷹十一載十一月黑水靺鞨遣使來朝十二月黑水遣使來朝十二載三月渤海遣使賀正十三載正月渤海遣使賀正同上九百七十一

天寶末欽茂徙上京直舊國三百里忽汗河之東訖帝世朝獻者二十九新唐書北狄傳

寶應元年詔以渤海爲國欽茂王之進檢校太尉同上

代宗大歷二年七月渤海遣使來朝二年八月渤海九月靺鞨渤海十一月渤海十二月渤海各遣使朝貢三年十二月渤海遣使朝貢七年十二月渤海靺

鞨遣使朝貢八年四月渤海遣使來朝並獻方物六月渤海遣使賀正十一月渤海遣使朝貢閏十一月渤海遣使來朝十二月渤海遣使來朝渤海靺鞨遣使朝貢九年正月渤海來朝十二月渤海靺鞨遣使來朝十年正月渤海靺鞨五月渤海六月渤海十二月渤海靺鞨遣使朝貢（冊府元龜九百七十二）

十二年正月渤海遣使獻日本國舞女一十一人及方物四月十二月使復來（舊唐書北狄傳）

二月渤海遣使獻鷹四月靺鞨十二月渤海靺鞨遣使來朝各獻方物（冊府元龜九百七十二）

建中元年十月渤海遣使朝貢三年五月渤海遣使

朝貢同上

貞元時東南徙東京欽茂死私謚文王子宏臨早死族弟元義立一歲猜虐國人殺之推宏臨子華璵爲王復還上京改年中興死私謚曰成王新唐書北狄傳按紀元編華璵立在貞元二年

七年正月渤海遣使來朝五月戊辰以渤海賀正使太常靖爲衞尉卿同正令歸國八月其王子大貞翰來朝請備宿衞舊唐書北狄傳

八年閏十二月渤海押靺鞨使楊吉福等三十五人

來朝貢唐會要

十年正月以來朝渤海王子大清允爲右衛將軍同正其下三十餘人拜官有差舊唐書北狄傳

華璵死欽茂少子嵩璘立改年正歷新唐書北狄傳

十一年二月遣內侍殷志贍册大嵩璘爲渤海郡王舊唐書北狄傳

十二月以靺鞨都督密阿古等二十一人並拜中郎將放還蕃十四年三月加渤海郡王兼驍衛大將軍忽汗州都督大嵩璘爲銀青光祿大夫檢校司空進封渤海郡王依前忽汗州都督初嵩璘父欽茂以開

元二十六年襲其父武藝忽汗州都督渤海郡王左金吾大將軍天寶中累加特進太子詹事寶應元年進封欽茂爲渤海郡王大歷中又累拜司空太尉及嵩璘嗣位但授其郡王將軍嵩璘遣使敘禮故再加册命焉唐會要

十一月以渤海王姪大能信爲驍衛中郎將虞侯婁蕃長都督茹富仇爲右武衛將軍放還舊唐書

十八年正月越喜遣使朝貢二十年十一月渤海遣使朝貢册府元龜九百七十二

二十一年渤海遣使來朝順帝加嵩璘金紫光祿大

夫檢校司空元和元年加檢校太尉舊唐書北狄傳

元和元年十二月二年十二月渤海均遣使朝貢册府元龜九百七十二

四年正月命中官元文政往渤海充弔祭册立使同上

嵩璘死謚康王子元瑜立改年永德新唐書

以嵩璘男元瑜爲銀青光祿大夫檢校祕書監忽汗州都督依前渤海國王舊唐書 唐會要作元和元年

五年正月渤海遣使高才南等十一月遣子大延真等來朝獻七年渤海遣使來朝貢正月甲申賜渤海使官告三十五通衣一襲册府元龜九百七十六

元瑜死諡定王弟言義立改年朱雀新唐書

八年正月授元瑜弟權知國務言義銀青光祿大夫檢校祕書監都督渤海國王遣內侍李重旻使焉舊唐書

十二月渤海王子辛文德等九十七人來朝丙午宴渤海使賜以錦綵册府元龜九百七十六

九年正月渤海使高禮進等三十七人朝貢獻金銀佛像各一二月己丑麟德殿召見賜宴有差十二月渤海遣使獻鷹鶻十二月渤海遣使大孝眞等五十九人來朝同上

十年正月丁酉詔賜渤海使者卯貞壽等官告放還蕃二月甲子賜渤海使大昌慶等官告歸之三月丙子賜渤海使官告歸之七月渤海王子大庭俊等一百一人並來朝貢同上

是年二月黑水酋長十一人朝貢唐會要

十一年二月渤海遣使朝貢癸卯賜渤海使錦綵銀器庚戌授渤海使高宿滿等二十人官授國信以歸三月甲戌以錦綿賜渤海使大誠慎等十一月渤海遣使朝貢册府元龜九百七十六

十二年渤海遣使朝貢同上

言義死謚僖王弟明忠立改年太始立一歲死謚簡王從父仁秀立新唐書

十三年渤海遣使李繼常等二十六人來朝册府元龜

遣使來朝且告哀五月以知國務大仁秀爲銀青光祿大夫檢校祕書監都督渤海國王舊唐書

仁秀立改年建興其四世祖野勃祚榮弟也仁秀頗能討伐海北諸部開大境宇新唐書

十五年閏正月遣使來朝加大仁秀金紫光祿大夫檢校司空舊唐書

二月庚寅對渤海朝貢使於麟德殿賜宴十二月渤

海遣使朝貢册府元龜九百七十六

長慶二年正月渤海遣使朝貢同上

四年二月大叡等五人來朝請備宿衛舊唐書按新唐書長慶中凡四來

寶歷元年三月二年正月渤海並遣使朝貢册府元龜

文宗太和元年四月二年十二月三年十二月四年十二月渤海均遣使朝貢同上

仁秀死謚宣王子新德蚤死孫彝震立改年咸和明年詔錫爵新唐書

五年十一月渤海遣使朝貢六年二月渤海王子大

明俊來朝丙辰對渤海王子大明俊等六人宴賜有差冊府元龜九百七十六

七年正月渤海王遣同中書右平章事高寶英來謝策命仍遣學生三人隨寶英請赴上都學問先遣學生三人事業稍成請歸本國許之舊唐書

二月己卯對渤海王子大光晟等六人宴賜有差冊府元龜九百七十六

開成元年十二月渤海遣使朝貢二年正月對賀正渤海王子大明俊等十九人宴賜有差三年二月對入朝渤海使賜錦綵銀器四年十二月渤海王子大

延廣朝貢同上

會昌六年正月渤海使朝於宣政殿賚錦綵器皿同上

彝震死弟虔晃立死元錫立咸通時三朝獻初其王數遣諸生詣京師習識古今制度至是遂爲海東盛國舊唐書

天復三年春遼伐女直下之獲其戶三百遼史太祖紀一

天祐三年遼遣偏師討東北女直之未附者悉破降之同上

開平元年五月渤海王子大昭順貢海東物產二年正月渤海國朝貢使殿中少令崔禮光已下各加爵

秩并賜金帛有差三年三月渤海王大諲譔差其相大誠諤朝貢進兒女口及貂鼠熊皮等物冊府元龜乾化元年八月渤海遣使朝賀且獻方物二年五月渤海王大諲譔差王子大光贊景帝表並進方物閏五月戊申詔以分物銀器賜渤海進貢首領以下遣還其國同上

貞明四年遼太祖神册三年遼史太祖紀及屬國表是歲二月渤海遣使來貢

後唐同光二年遼天贊三年正月渤海王子大禹謨來朝貢五月渤海王大諲譔遣姪元讓貢方物庚申賜渤海朝貢使大元讓等分物有差冊府元龜九百七十二

五月丙午渤海殺其刺史張秀實而掠其民遼史太祖紀二

五月丙辰渤海國王大諲譔遣使貢方物七月幽州奏契丹安巴堅東攻渤海九月幽州上言安巴堅自渤海回軍女直黃頭室韋合勢攻契丹舊五代史三十二

八月渤海朝貢使王姪學堂親衛大元謙可試國子監丞九月黑水國遣使朝貢十一月庚寅以黑水國朝貢兀兒爲歸化中郎將册府元龜九百七十六

三年遼天贊四年二月渤海國王大諲譔遣使裴璆貢人蔘松子昆布黃明細布鼠皮被一褥六髮靴革奴子二熟五月乙卯以渤海國入朝使政堂省守和部少

卿賜紫袍金魚袋裴璆可右贊善大夫同上

五月已酉黑水女直二國皆遣使朝貢舊五代史三十二五代會要作黑水胡獨鹿遣使朝貢

十二月乙亥遼太祖詔親征渤海大諲譔皇后皇太子大元帥耀庫濟原作堯骨皆從丁酉次商嶺夜圍扶餘府續通志四十一

遼天顯元年後唐明宗天成元年春正月庚申拔扶餘城誅其守將丙寅命特哩袞原作惕隱安圖原作安端前北府宰相玉阿古齊原作阿古只等將萬騎爲先鋒遇諲譔老相兵破之皇太子大元帥耀庫濟原作堯骨南府宰相蘇北院額

爾奇木（原作夷离堇）實納齊（原作斜涅赤）南院額爾奇木迪里（原作迭里）是夜圍輝罕（原作忽汗）城已巳渤海請降庚午駐軍於城南辛未諲譔稾索牽羊率僚屬三百餘人出降上優禮而釋之甲戌詔諭渤海郡縣丙子遣近侍康末怛等十三人入城索兵器爲邏卒所害丁丑渤海復叛攻破其城駕入幸諲譔請罪馬前詔以兵衛諲譔及族屬以出祭告天地復還軍中二月庚寅安邊鄚頡南海定理等府洎諸道節度刺史來朝慰勞遣之壬辰以青牛白馬祭天地大赦改元天顯以平渤海遣使報唐甲午復幸輝罕城丙午改渤海國爲東

丹輝罕城爲天福册皇太子貝（原作倍）爲人皇王以主之以皇弟特爾格（原作迭剌）爲左大相渤海老相爲右大相渤海司徒大素賢爲左次相耶律伊濟（原作羽之）爲右次相赦其國內殊死以下丁未高麗濊貊鐵驪靺鞨來貢三月戊午遣伊勒希巴（原作夷離畢）康默記左僕射韓延徽攻長嶺府三月丁卯幸人皇王宮己巳安邊鄚頡定理三府叛遣安端討之丁丑三府平壬午安端獻俘誅安邊府叛帥二人癸未宴東丹國僚佐頒賜有差甲申幸天福城乙酉班師以大諲譔舉族行夏四月丁亥朔次織子山辛卯人皇王率東丹國僚

屬辭五月辛酉南海定理二府復叛大元帥耀庫濟討之六月丁酉二府平秋七月丙辰鐵州刺史衛鈞反乙丑耀庫濟攻拔鐵州庚午東丹國左大相特爾格卒辛未備送大諲譔于皇都西築城以居之賜諲譔名曰烏勒呼（原作烏魯古）妻曰阿勒札（原作阿里只）甲戌次扶餘府上不豫是夕大星隕於幄前辛巳平旦子城上見黃龍繚繞可長一里光耀奪目入於行宮有紫黑氣蔽天踰日乃散是日上崩年五十五八月辛卯康默記等攻下長嶺府甲午皇后奉梓宮西還壬寅耀庫濟討平諸州奔赴行在乙巳人皇王貝繼至太

祖所崩行宮在扶餘城西南兩河之間後建昇天殿於此而以扶餘爲黃龍府云遼史太祖紀一按是年地已屬遼故以遼紀年而分注後唐於下

太祖攻渤海拔其扶餘城更命曰東丹國命長子突欲鎭之號人皇王一曰東丹王先是渤海國王大諲譔本與奚契丹爲脣齒國太祖初興併吞八部繼而用師併吞奚國大諲譔深憚之陰與新羅諸國結援太祖知之集議未决後因遊獵彌旬不止有黃龍在其氊屋上連發二矢殪之龍墜其前太祖曰吾欲伐渤海國衆計未定而龍見吾前吾能殺之是滅渤海之勝

兆也遂平其國虜其主契丹國志一按遼史天贊盡四年至五年正月滅渤海二月即已改元天顯而國志乃繫此事於天贊六年此誤之大者今從正史取國志所記繫之天顯元年

丁亥契丹述律后使少子安端少君守東丹與長子突欲奉契丹主之喪將其衆發扶餘城資治通鑑二百七十五

東丹國人皇王稱制行事改元甘露歷代建元考按胡三省通鑑注謂東丹王居扶餘城蓋沿契丹國志之誤

突欲鎮東丹時乃渤海國亦有宮殿被十二旒冕服皆畫龍象稱制行令凡渤海左右平章事大內相以下百官皆其國自除授契丹國志十四

阿保機兵力雄盛東北諸番多臣屬之以渤海土地

相接常有吞併之志下渤海未幾卽死渤海王命其弟率兵攻扶餘城不能克保衆而退五代會要三十

高麗太祖九年春契丹滅渤海世子大光顯及將軍申德禮部卿大和鈞均老司政大元鈞工部卿大福謨左右衛將軍大審理小將冒豆干檢校開國男樸漁工部卿吳興等率其餘衆前後來奔高麗者數萬戸王待之甚厚賜光顯姓名王繼附之宗籍使奉其祀僚佐皆賜爵遼史拾遺一引東國通鑑

是年四月渤海國王大諲譔遣使大陳林等一百一十六人入唐朝貢進兒口女口各三人人蔘昆布白

附子及虎皮等七月復使大昭佐領等六八朝貢五代會要三十

天顯三年春正月己未黄龍府婁尼原作羅涅河女直達囉噶原作達盧古來貢遼史太宗紀上

五月己巳女直來貢同上

十二月甲寅詔遣耶律伊濟遷東丹民以實東平其民或亡入新羅女直因詔東丹民困乏不能遷者許上國富民給贍而隸屬之同上

四年後唐明宗天成四年四月辛酉八皇王貝來朝五月癸酉女直來貢十二月戊申女直來貢同上

是年五月渤海遣使高正祠入唐貢方物七月以高正祠爲太子洗馬八月黑水遣使骨至入唐貢方物册府元龜　五代會要以骨至爲歸德司戈

五年後唐明宗長興元年三月辛未人皇王獻白紵又進玉笛四月乙未人皇王歸國十一月戊申東丹奏人皇王浮海適唐遼史太宗紀上

初阿保機死長子東丹王突欲當立其母述律遣其幼子安端少君之扶餘代之將立以爲嗣然述律尤愛德光德光有智勇素已服其諸部安端已去而諸部希述律意共立德光突欲不得立長興元年自扶

餘泛海奔於唐明宗因賜其姓爲東丹而更其名曰慕華其部曲五人皆賜姓名罕只曰罕友通穆葛曰穆順義撒羅曰羅賓德易密曰易施仁蓋體曰蓋來賓五代史記七十二

是年二月黑水首領兀兒遣使貢於唐五代會要三十

六年後唐長興二年三月丁亥人皇王貝妃蕭氏率其國僚屬來見秋七月丁亥女直來貢冬十月丁丑鐵驪來貢遼史太宗紀上

是年五月唐青州奏黑水兀兒部至登州賣馬五代會要三十

十二月辛未渤海使文成角入唐朝貢冊府元龜九百七十二

七年後唐長興三年四月己卯女直來貢遼史太宗紀上按五代史記唐明宗紀是年正月己酉渤海遣使者來

二月唐青州奏黑水桃李花狀甲父胡獨鹿卒五代會要三十

八年後唐長興四年春正月戊子女直來貢丁亥鐵驪來貢遼史太宗紀上

是年七月後唐以渤海使文成角爲朝散大夫右神武軍長史奏事右錄事試大理評事高保乂爲朝散郎右驍衛長史並賜金紫五代會要三十

九年（後唐閔帝應順元年）春閏正月壬戌東幸女直來貢三月癸卯五月癸丑並來貢（遼史太宗紀上）

十年（後唐末帝清泰二年）渤海遣使入唐貢方物（册府元龜九百七十二）

十一年（後唐清泰三年）三月庚寅四月癸酉女直並來貢（遼史太宗紀上）是年二月後唐以入朝使南海府都督列周道爲檢校工部尚書政堂省工部卿烏濟顯試光祿卿（五代會要三十）

十二年九月癸亥珠巴克（原作朮不姑）女直來貢辛未遣使鐵驪十一月丁卯鐵驪來貢（遼史太宗紀上）

會同元年二月戊子鐵驪來貢三月丙寅四月甲申丁酉六月丙子八月戊子女直並來貢八月庚子靺鞨來貢遼史太宗紀下

二年三月戊申女直來貢十一月丁亥鐵驪遣使來貢同上

三年春正月庚寅人皇王妃來朝同上

二月壬寅女直來貢乙卯鴨淥江女直遣使來覲六月乙未朔東京宰相耶律伊濟言渤海相大素賢不法詔僚佐部民舉有才德者代之九月戊子女直遣使來貢同上

四年二月丙午鐵驪來貢十一月丙子鴨淥江女直來貢同上

五年夏四月甲寅朔鐵驪來貢以其物分賜羣臣八月辛酉女直貢方物同上

六年六月丁未朔十一月甲辰鐵驪並來貢同上

八年十一月戊戌女直鐵驪來貢同上

九年春正月丁未六月癸丑女直俱來貢同上

大同元年春正月癸卯遣趙瑩馮玉李彥韜將三百騎送負義侯及其母李氏太妃婁氏婁馮氏弟重睿子延煦延寶等於黃龍府安置仍以其宮女五十八

內宦三人東西班五十人醫官一人控鶴四人庖丁七人茶酒司三人儀鸞三人健卒十人從之上同

辛卯契丹制降晉少帝爲光祿大夫檢校太尉封負義侯黃龍府安置其地在渤海國界舊五代史八十五　契丹國志云黃龍府即慕容氏和龍城其說非是說見下條

漢乾祐二年二月徙帝太后於建州自遼陽東南行千二百里至建州節度使趙延暉避正寢以館之去建州數十里外得地五十餘頃帝遣從行者耕而食之五代史記晉家人傳　按資治通鑑注建州南至燕京一千二百四十五里似當在今熱河以北地故承德府志取之然歐史明云自遼陽東南行千二百里則仍在今鄂多里城地爲渤海所置建州無疑

通鑑注及契丹國志皆非也

應歷元年十二月壬子鐵驪來貢遼史穆宗紀上

二年二月癸卯女直來貢夏四月己亥鐵驪進鷹鶻同上

三年夏四月庚申鐵驪來貢同上

四年七月渤海國崔烏斯多等三十八歸周五代會要三十

五年冬十月壬申女直來貢遼史穆宗紀上

十一年八月女直國遣使貢名馬於宋續資治通鑑二按文獻通考作遣使嗢突剌朱

十二年八月女直進鼻上毛小兒續文獻通考二百二十六是年

女直遣使只骨入宋貢方物文獻通考二百二十七

十三年秋八月癸巳女直遣使貢名馬於宋續資治通鑑二

十四年夏四月丁巳黃龍府甘露降遼史穆宗紀下

十八年秋九月以女直詳袞原作詳穩嘉們原作戛陌爲本部

額爾奇木原作夷离堇同上

保甯元年女直首領悉達理並姪阿里歌首領馬撒

鞋並妻梅倫並遣使獻馬及貂皮於宋文獻通考三百二十七

二年女直遣使朝貢於宋並賚定安國王烈萬華表

同上

四年女直馬撒鞋並首領斫姑貢馬於宋是夏首領

渤海那三八叉入貢俄叉首領祈達勃來貢馬叉有鐵利王子五戸並母及子弟連没六温迪門没勿羅附其使貢馬（同上）

五年五月辛未女直侵邊殺都監達里塔（原作達里迭）伊喇（原作拽剌）鄂囉羅（原作斡里魯）六月庚寅女直宰相及額爾奇木來朝（遼史景宗紀上）

七年秋七月黃龍府衛將雅爾丕勒（原作燕頗）殺都監張琚以叛遣敞史耶律曷里必討之九月敗燕頗於治河遣其弟安摶追之燕頗走保兀惹城安摶乃還以餘黨千餘戸城通州（同上）

九年春正月丙寅女直遣使來貢五月己丑女直二十一人來請宰相額爾奇木之職以次授之冬十月壬申女直遣使來貢遼史景宗紀下

十年四月己巳女直遣使來貢同上

乾亨元年三月辛卯女直遣使來貢同上

六月渤海帥達蘭罕原作達懶漢率部衆來降以達蘭爲渤海都指揮使續資治通鑑十

三年宋太宗欲北侵遺詔渤海王發兵相應渤海畏遼竟無至者契丹國志六 按續資治通鑑十宋太宗太平興國六年帝將大舉伐遼遣使賜渤海王詔書令發兵以應約滅遼之日幽薊土宇復歸中朝朔漠之外悉以相與然渤海竟無至者所

載較詳本三年事國志以爲六年非也乾亨無六年

統和二年二月丙申東路行軍宣徽使蕭布琳（原作蒲甯）奏討女直捷乙巳五國威伊濟（原作烏隈于厥）節度使耶律威烏克（原作隗洼）以所轄諸部難治乞賜詔劍便宜行事從之夏四月丁亥宣徽使同平章事耶律普甯都監蕭勤德獻征女直捷秋八月辛卯耶律未只奏女直珠卜奇（原作朮不直）薩里（原作賽里）等八族乞舉衆內附詔納之（遼史聖宗紀一）

三年秋八月癸酉朔命樞密使耶律色珍（原作斜軫）爲都統駙馬都尉蕭懇德爲監軍以兵討女直閏九月丙

申女直宰相哲伯埒（原作朮不里）來貢十一月丙申東征女直都統蕭闥覽菩薩奴以行軍所經地理物產來上（同上）

四年春正月丙子樞密使耶律色珍林牙勤德等上討女直所獲生口十餘萬馬二十餘萬及諸物壬午樞密使色珍林牙勤德穆爾古（原作謀魯姑）節度使達林（原作闥覽）統軍使碩羅（原作室羅）侍中穆濟（原作抹只）奚王府監軍迪烈與安吉等克女直還軍遣近侍尼勒堅（原作尼里古）詔旌其功仍執手撫諭賜酒果勞之（遼史聖宗紀二）

五年三月癸亥朔幸長春宮賞花鉤魚以牡丹遍賜

羣臣歡宴累日聖宗紀三　孫承澤北平古今紀曰遼有二長春宮一在南京一在長春州若統和五年三月朔十二年三月十七年正月朔所幸之長春宮則非南京也

六年秋八月丁丑東路林牙蕭勤德及統軍實埒原作石老擊敗女直兵獻俘瀕海女直遣薩喇勒原作廝魯里來朝及修土貢同上

七年二月乙丑賞南征女直軍使東還丙子以女直和克岱原作活骨德爲本部相同上

八年春二月壬申女直遣使來貢夏四月庚戌女直遣使來貢五月庚寅女直宰相阿海來貢封順化王六月丙辰女直遣使來貢九月乙亥北女直四部請

內附十二月癸卯女直遣使來貢紀四聖宗

九年春正月甲戌女直遣使來貢八月戊寅女直進

喚鹿八上同

十年二月壬申烏舍來貢三月甲辰鐵驪來貢七月

辛酉鐵驪來貢冬十月戊寅鐵驪來貢上同

十二年秋七月丙寅女直遣使來貢十一月戊申朔

鐵驪來貢十二月癸巳女直以宋人浮海賂本國及

烏舍叛來告同上

按續通鑑十八宋太宗湻化五年帝再遣使如遼約和弗許於是募人汎海賂女直及烏實等部叛之二部不從事在九月遼使作十二月告在後政和夾攻之約此其先事矣

十三年二月丁丑女直遣使來貢秋七月乙巳朔女

直遣使來貢丁巳烏舍烏哲圖原作烏昭度渤海雅爾丕勒等侵鐵驪遣奚王和碩鼎原作和碩奴等討之冬十月戊子烏舍歸款詔諭之十二月己卯鐵驪遣使來貢鷹馬同上

十四年六月辛未鐵驪來貢冬十月戊午烏哲圖乞内附同上

十五年春正月癸未烏舍長武周來降戊子女直遣使來貢三月庚寅烏舍烏哲圖以地遠乞歲時免進鷹馬貂皮詔以生辰正旦貢如舊餘免六月丙申鐵驪來貢同上

十六年三月甲子女直遣使來貢五月庚辰鐵驪來貢聖宗紀五

十七年六月烏舍烏哲圖來貢同上

二十年春正月辛酉女直宰相伊爾岱原作夷离底來貢

二月丁丑女直遣其子來朝四月戊子鐵驪遣使來貢同上

二十一年春三月戊午鐵驪來貢夏四月乙丑宏簡錄作戊辰女直遣使來貢戊辰烏舍渤海鄂羅木原作奥里米伊哷圖原作越里篤伊哷濟原作越里古等五部遣使來貢同上

二十二年春二月乙卯朔女直遣使來貢秋七月丁

亥烏舍富珠哩原作蒲奴里 博和哩原作剖阿里 伊噜圖鄂羅

木等部來貢九月丙午女直遣使獻所獲烏哲圖妻

子同上

二十三年夏四月丙戌女直遣使來貢乙未鐵驪來

貢七月丁卯女直遣使來貢同上

二十八年冬十月丙午朔女直進良馬萬匹乞從征

高麗許之聖宗紀六 按文獻通考契丹國志通鑑長編俱云契丹征高麗道由女直女直復與高麗合兵拒之契丹大喪師而還遼史不載蓋諱之也

開泰元年正月癸未長白山三十部女直首領來貢

乞授爵秩丁亥女直太保佛寧原作蒲撚等來朝八月丙

申鐵驪納蘇原作那沙等送烏舍百餘戸至賓州賜絲絹納蘇乞賜佛像儒書詔賜護國仁王佛像一易詩書春秋禮記各一部同上

三年春正月丁酉女直鐵驪遣使來貢同上

四年夏四月己巳女直遣使來貢同上

十一月癸酉女直貢於宋續通鑑十八

七年春三月辛丑命東北伊勒圖原作越里篤博和哩原作剖阿里鄂羅木原作奥里米富珠哩原作蒲奴里鐵驪等五部歲貢貂皮六萬五千馬三百聖宗紀七

秋七月丁卯富珠哩部來貢九月庚申佛寧國使奏

本國與烏里國封壤相接數侵掠賜詔諭之同上

八年春正月壬戌鐵驪來貢三月己卯詔加征高麗有功渤海將校官癸未輝發太保塔喇噶來貢丙戌置東京渤海承奉官都知押班五月乙亥遷甯江州渤海戶於遼土二河之間秋七月己巳輝發大保莽密來貢同上

太平元年夏四月戊申東京留守奏女直三十部部長請各以其子詣闕祗候詔以其父俱來受約同上

二年春三月甲戌如長春州五月庚辰鐵驪遣使獻烏舍十六戶同上

四年春正月庚寅如鴨子河二月己未獵塔魯原作撻魯河詔改鴨子河曰混同江塔魯河曰長春河同上五年春正月乙酉如混同江是月如魚兒濼以後歲為常事不備書特發其凡於此三月如長春河魚兒濼其水一夕有聲如雷越沙岡四十里別為一陂聖宗紀八六年春二月己酉以默勒濟同知樞密院黃翩為兵馬都部署達嚕濟副之霍實原作赫石為都監引軍城混同江蘇默原作疏木河之間黃龍府請建保障三烽臺十詔以農隙築之東京留守巴格原作八哥奏黃翩領兵入女直界徇地俘獲人馬牛豕不可勝計得降戶二百

七十詔獎諭之夏四月戊申博囉滿達勒部多烏舍戸詔索之（同上）

七年春正月辛亥以女直伯埒（原作白縷）爲特哩袞佛門（原作蒲馬）爲葉赫（原作巖母）部太師甲寅博羅滿達勒部遣使來貢（同上）

八年九月壬辰朔以渤海宰相羅漢權東京統軍使（同上）

九年秋八月東京錫里（原作舍利）軍詳袞大延琳反號其國爲興遼年爲天慶所遣召黃龍府黃翩者告變渤海太保夏行美亦舊主兵戍保州延琳馳書使圖統

師耶律博諾(原作蒲古)行美以實告博諾得書遂殺渤海兵八百人而斷其東路時南北女直皆從延琳(同上)

十二月興遼國太師大延定引東北女直與契丹相攻遣使乞援(遼史拾遺八引東國通鑑)

十年十一月詔渤海舊族有勳勞材力者敘用餘分居來隰等州(聖宗紀八)

景福元年冬十月振黃龍府饑(續文獻通考二百二十)

重熙二年春正月壬辰女直詳袞塔鴉克(原作臺押)率所部來貢(遼史興宗紀一)

六年秋八月北樞密院言伊埒濟(原作越棘)部民苦其酋

帥坤長不法多流亡詔罷伊埒濟等五國酋帥以契丹節度使一員領之同上

八年冬十一月己酉城長春同上

九年十一月甲子女直侵邊發黄龍府鐵驪軍拒之同上

十年二月庚辰朔詔博囉滿達勒部歸哈斯罕戸之沒入者使復業興宗紀二

十二年夏四月己亥置輝發詳衮都監五月辛卯博囉滿達勒部來貢失期宥而遣還同上

十三年夏四月己酉遣東京留守耶律浩善原作侯哂知

黃龍府事耶律烏魯斯原作歐里斯將兵攻博囉滿達勒部同上

十五年春二月丙寅博囉滿達勒界海蘭原作曷懶河戶來附詔撫之夏四月壬戌以北女直詳袞蕭郭囉原作高六爲奚六部大王甲戌博囉滿達勒海蘭河百八十戶來附秋七月丁未以女直部長札穆原作庶母率衆來附加太師十一月己亥括渤海部軍馬同上

十六年冬十月庚午鐵驪星莽原作仙門來朝以始入貢加右監門衛大將軍十二月辛丑朔女直遣使來貢

興宗紀三

十七年夏四月甲申博囉滿達勒部大王佛甯（原作蒲輦）以造舟人來獻六月辛卯長白山太師察克（原作紫曷）輝發部太師薩喇圖（原作撒剌都）來貢方物秋七月丁亥伯哩八部伊勒希巴和費延等內附八月戊子以耶律義先爲行軍都部署夏行美副部署耶律珠展爲監軍長伐富珠哩酋托多羅（同上）

十八年正月丙辰耶律義先奏富珠哩捷二月乙酉執托多羅以獻五月甲辰五國酋長各率其部來附庚戌輝發部長烏達台吉（原作兀迭臺札）等來朝戊午五國節度使耶律仙童以降烏爾古（原作烏古）叛八授左監門

衛上將軍同上

十九年夏四月壬申博囉滿達勒部特哩袞錫都原作信篤來貢六月壬申輝發博囉滿達勒部各遣使貢馬同上

二十一年六月遣使詣五國諸部捕海東青鶻續通志四十五 按此事遼史本紀不載

二十二年閏七月長春州置錢帛司興宗紀三

二十四年春正月癸亥如混同江二月癸巳如長春河三月癸亥皇太弟重元生子曲赦行在及長春鎮北二州徒以下罪同上

清甯二年冬十一月戊戌以北院大王耶律仙童知黃龍府事遼史道宗紀一

三年春正月乙未五國部長來貢方物同上

四年城鴨子混同二水間宏簡錄二百十李儼傳

六年六月戊午朔以東北路女直詳衮高家努原作高家奴爲特哩衮道宗紀一

七年冬十一月壬午以知黃龍府事耶律阿勒札原作阿里只爲南院大王同上本傳南院作北院

咸雍五年冬十一月丁丑五國博和哩部叛命蕭素颯討之十二月甲戌五國來降仍獻方物道宗紀二

六年冬十月丁卯五國部長來朝同上

七年春二月乙丑女直進馬三月己酉以討五國功加知黃龍府事蒲延懷化軍節度使高元紀易州觀察使高正並千牛衞上將軍五國節度使蕭托斯和原作陶蘇幹甯江州防禦使大榮並靜江軍節度使是歲春州斗粟六錢同上

八年三月癸卯有司奏春泰甯江三州三十餘人願爲僧尼受具足戒許之道宗紀三

太康元年二月祥州火遣使恤災同上

二年春二月戊子振黃龍府饑同上

四年九月庚子五國部長來貢同上

六年六月庚戌女直遣使來貢道宗紀四

七年春正月戊申五國部長來貢甲寅女直貢良馬同上

八年春正月丁酉鐵驪五國諸長各貢方物三月庚戌黃龍府女直部長鐘覊原作朮乃率部民內附予官賜印綬同上

九年九月辛未五國部長來貢同上

十年夏四月丁丑女直貢良馬同上

大安元年春正月庚戌五國酋長來貢良馬同上

二年春正月己酉五國諸部長來貢三月乙酉女直貢良馬冬十月丙戌五國部長來貢同上

三年春三月庚辰女直貢良馬道宗紀五

四年春正月甲子五國部長來貢二月甲午曲赦春州役徒終身者皆五歲免己亥如春州赦泰州役徒五月己未振春州貧民同上　按宏簡錄作正月丁丑曲赦春泰等州三月己巳振春州與史異

六年春三月辛未女直遣使來貢同上

八年十一月丁酉通州潦水害稼遣使振之同上

十年夏四月辛亥休格原作朽哥奏伯哩八部來侵擊破

之同上

壽隆元年夏四月己亥女直遣使來貢秋七月癸丑伯哩八部來附進方物十一月丙申女直遣使進馬

道宗紀六

二年秋八月己丑伯哩八部進馬同上

三年八月己亥博囉滿達勒部長率其民來歸九月己卯五國部長來貢十一月乙卯博囉滿達勒部來貢同上

五年六月乙未五國部長來朝同上

六年冬十月癸卯五國諸部長來貢十二月乙未女

直遣使來貢庚申鐵驪來貢同上

乾統元年秋七月癸亥鐵驪來貢遼史天祚帝紀一

是歲生女直部節度使英格原作楊割死傳于兄之子武雅淑原作烏雅束

淑死其弟阿固達原作阿骨打襲續通志四十六

二年冬十月乙卯蕭哈里原作海里叛命北面林牙赫嘉努原作郝家奴捕之蕭哈里亡入拜珠原作陪朮水阿克展原作阿典部天祚紀一

三年春正月女直函蕭哈里首遣使來獻同上

初契丹國舅帳蕭哈里聚衆爲盜潛奔女直因命英格圖之遷延數月獨斬哈里遣阿固達獻其首級餘

悉留不遣大金國志一

九年夏四月壬午五國部來貢天祚紀一

十年夏四月丙子五國部長來貢同上

天慶元年春三月乙亥五國部長來貢同上

二年春正月已未朔如鴨子河丁丑五國部長來貢

二月丁酉如春州幸混同江釣魚生女直酋長在千里內者以故事皆來朝適遇頭魚宴酒半酣上臨軒命諸酋次第起舞獨阿固達辭以不能諭之再三終不從他日上謂樞密使蕭奉先曰前日之宴阿固達意氣雄豪顧視不常可託以邊事誅之否則必貽後

患奉先曰麤人不知禮義無大過而殺之恐傷向化之心假有異志又何能爲同上

阿固達有弟姪曰武奇邁原作吳乞買尼雅滿原作粘罕瑚實原作胡舍輩天祚歲入秋山數人必從善作鹿鳴呼鹿使天祚射之或刺虎或搏熊天祚喜輒加官爵後至圍場司差遣者有之阿固達會釣魚而歸疑天祚知其異志卽欲稱兵遂併吞諸鄰近部族有卓克算原作趙三阿古齊原作阿鶻產者拒之不從阿固達虜其家二人來訴於咸州詳袞司送北樞密院時樞密使蕭奉先懼其生事但作常事以聞天祚指揮就送咸州取勘欲

使自新阿固達竟託病不至契丹國志十

三年春三月阿固達率五百騎突至咸州赴詳袞司與卓克算等面折庭下阿固達不屈送所司問狀一夕遁去遣人訴於上謂詳袞司欲見殺故不敢留自是召不復至天祚紀一

四年春正月如春州初女直起兵以赫舍哩原作紇石烈部人阿疎原作阿蘇不從遣其部薩哈原作撒改討之阿疎弟廸固布原作狄故保來告詔諭使勿討不聽阿疎來奔至是女直遣使來索不發秋七月女直復遣使取阿疎不發乃遣侍御愛實布原作阿息保問境上多建城堡之

故女直以慢語答曰若還阿踈朝貢如故不然城未能已遂發渾河北諸軍益東北路統軍司阿固達乃與弟尼瑪哈（原作粘罕）呼實（原作胡舍）等謀以尼楚赫（原作銀朮割）伊呼（原作移烈）羅索（原作婁室）棟摩（原作闍母）等爲帥集女直諸部兵擒遼障鷹官及攻甯江州東北路統軍司以聞時上在慶州射鹿聞之略不以介意遣海州刺史高仙壽統渤海軍應援蕭托卜嘉（原作撻不也）遇女直戰於甯江東敗績（同上）

九月女直攻破甯江州先是州有榷場女直以北珠人蓡生金之類爲市州人抵其值且拘辱之謂之打

女眞州既陷殺之無遺類獲遼兵甲馬三千退保長白山之阿朮火阿朮火者女眞所居之地以河爲名也（契丹國志十）

十月守司空（契丹國志守司空下有殿前都檢點五字）蕭嗣先爲東北路都統靜江軍節度使蕭托卜嘉爲副發契丹奚兵三千人中京禁軍及土豪二千人別選諸路武勇二千餘人以虞候（契丹國志作中京虞候）崔公義充都押官控鶴指揮（契丹國志作侍衛都指揮使商州刺史）邢穎副之屯出河店兩軍對壘（契丹國志作臨白江與甯江女眞對壘）女眞軍潛渡混同江掩擊遼眾（契丹國志云掩其不備未陣擊之）蕭嗣先軍潰崔公義邢穎耶律

佛哩原作佛留蕭噶克實原作葛十等死之其獲免者十有七人天祚紀一

十一月壬辰都統蕭敵里等復營沃棱原作斡鄰濼東爲女直所襲死者甚衆同上

國舊例凡闕軍國大事漢人不與天祚自兩戰之敗意爲蕭奉先不知兵始欲改用將帥遂召宰相張琳吳庸等付以東事用漢軍十萬降宣劄付上京長春諸路計人戶家業錢每三百貫自備一軍時富民有出一百軍二百軍者琳等皆非將帥才器甲聽從自便人人就易槍刀氈甲充數弓弩鐵甲百無一二襍

以番軍分出四路北樞密副使耶律斡里朵淶流河路都統衞尉卿蘇壽吉副之黄龍府路都統桂州觀察使耿欽副之復州節度使蕭湜格咸州路都統將作監龔誼副之左祗候郎君詳袞蕭和古好草峪都統商州團練使張維協副之獨淶流河路一軍深入遇女直交鋒稍卻走還其營斡里朵以爲漢軍遁卽領契丹兵棄營而奔漢軍尚餘三萬餘推將作少監武朝彦爲都統再與女直戰遂大敗餘三路聞之各退保其城悉爲女直攻克契丹國志十參大金國志一北盟會編二十一

十二月咸賓祥三州及鐵驪烏舍皆叛入女直伊實原作乙薛往援賓州南軍諸將實喇原作實婁圖烈原作特烈等往援咸州並爲女直所敗天祚紀一

五年春正月遣僧嘉努原作僧家奴持書約和阿固達遣賽剌復書欲歸叛人遷黃龍府於別地然後議之斡里朵等與戰于達里庫原作達魯古城敗績三月遣耶律章嘉努原作張家奴等齎書斥阿固達名冀其速降夏六月壬子使還復書亦斥上名速降如之癸丑詔諭諸道車駕親征是月遣蕭色埒原作辭剌使女直以書辭不合見留宏簡錄二百六

七月都統斡里朶等與女直戰于白馬濼敗績八月丙寅以圍場使鄂博阿不原作爲中軍都統耶律章嘉努原作張家奴爲都監率番漢兵十萬蕭奉先稱御營都統諸行營都部署耶律章努原作章奴爲副以精兵二萬爲先鋒餘分五部爲正軍貴族子弟千餘人爲硬軍扈從百司爲護衛軍北出駱驝口以都檢點蕭呼塔噶原作胡覩姑爲都統樞密直學士柴誼爲副將漢步騎三萬南出甯江州路自長春州分道而進發數月糧期必滅女直天祚紀二

九月丁卯朔女直軍陷黃龍府已巳色埒原作辭剌還女

直復遺賽剌以書來報若歸我叛人阿疎等即當班師上親征尼雅滿原作粘罕烏珠原作兀朮等以書來上陽爲卑哀之辭實欲求戰書上上怒下詔有女直作過大軍翦除之語阿固達聚衆以刀刲面仰天慟哭曰始與汝等起兵蓋苦契丹殘忍欲自立國今主上親征奈何非人人死戰莫能當也不如殺我一族汝等迎降轉禍爲福諸軍皆曰事已至此惟命是從同上按大金國志載此事作諸軍皆拜曰事已至此當誓死一戰較之史文爲合

冬十一月命駙馬蕭特默林牙蕭察喇等將旗兵五萬步卒四十萬親軍七十萬至駝門十二月戊申親

戰於護步答岡敗績盡亡其輜重同上

女眞兵馬會契丹末陳三面爭擊之天祚御旗向西南出衆軍從而敗潰天祚一日夜走三百里退保長春州北盟會編二十一

六年七月春州渤海二千餘戶叛東北路統軍使勒兵追及盡俘以還天祚紀二

七年正月女直軍攻春州東北面諸軍不戰自潰孟古原作女古皮室四部及渤海人皆降同上

吉林通志卷九

大事志三

女眞始祖函普（原作揞浦）出自新羅奔至阿觸胡無所歸遂依完顏因而氏焉六十未娶是時酋豪以强淩弱無有制度函普劈木爲剋如文契約教人舉債生息勤于耕種者遂至巨富若遇盜竊雞豚狗馬者以桎梏拘械用柳條笞撻外賠償七倍法令嚴峻果斷不私由是遠近皆服號爲神明有鄰寨鼻察異酋長姑結徒姑丹小名聖者貨有室女年四十餘尚未婚遂以牛馬財用農作之具嫁之于函普後女眞衆酋結

盟推爲首領生烏嚕原作訛辣魯繼其父業烏嚕生巴哈原作佯海史作跋海巴哈生綏赫原作隨闊史作綏可自幼習射採生長而善騎射獵教人燒炭鍊鐵刳木爲器制造舟車種植五穀建造屋宇稍有上古之風由是鄰近每有不平皆詣所請遂號貝勒原作孛堇臣伏契丹北盟會編十八引神麓記金史世紀作完顔部賢女年六十情事支離綏赫事亦不如此詳又此記在修史前故取此綏赫子舒嚕原作石魯爲人剛毅質直生女直初無書契約束欲稍立條教諸父部人皆不悅欲坑殺之已就執叔父錫里庫原作謝里忽曰吾兄子賢人必能承家安輯部衆奈何反欲害之亟往彎弓注矢射走其黨舒

嚕乃得免由是稍以條教爲治部落寖强遼以特哩衮（原作惕隱）官之來流水烏蘇展（原作烏薩扎）部殺完顏部人舒嚕往治大有所獲乃先須錫里庫時諸部猶循舊俗不肯用條教舒嚕與族人果布（原作摑保）耀武白山之青嶺順者撫之否者伐之入於蘇伯（原作蘇濱）扎蘭之地所至克捷還經佛頁（原作僕鷰）水惡其地名時以困憊不肯止行至古哩（原作姑里）甸得疾迨夜寢於村舍有盜至海蘭水（原作孩懶）烏陵阿（原作烏林荅）部人錫馨（原作石顯）將陰圖之遂中夜啟行至巴喇濟（原作逼剌紀）村止焉是夕卒錫馨與完顏人鄂和（原作窩忽窩）出邀於路遂奪其柩瓜爾

佳（原作加古）部人富呼（原作蒲虎）復來襲不及舒嚕之徒告於佛穆丹（原作蒲馬大灣）與瑪奇（原作馬紀）嶺赫伯（原作劾保）村完顏部蒙克巴圖（原作蒙葛巴土）募軍追及與戰始奉柩還時尚未有文字不知歲月晦朔故莫考年壽修短（宏簡錄）

子烏古鼐（原作烏古迺）遼太平元年辛酉歲生自始祖至此六世矣旣長能役屬諸部自白山頁赫（原作耶悔）圖們（原作統門）扎蘭扎卜古倫（原作土骨論）之屬以至五國之長皆聽命遼之邊民多逃歸之及遼以兵徙圖埒（原作鐵勒）烏舍（原作烏惹）之民亦不肯徙逃而來歸遼使赫嚕（原作曷魯）林牙將兵來索烏古鼐恐遼兵深入得知其山川道路

險易乃以計止之曰恐諸部驚擾變生不測道戶必不可得赫嚕信之許其自行索取而還時鄰部雖稍從錫馨尙拒阻不服攻之不克以計告於遼主言錫馨阻塞鷹路遼主以為然遣使責讓會春蒐錫馨與子頗克綽歡原作婆諸刊入見遼主乃流錫馨於邊地而遣頗克綽歡還宏簡錄

遼五國佛爾原作蒲聶部節度使巴哩美原作拔乙門叛遼遼將致討烏古鼐恐遼兵深入得其山川險易或將圖之乃告遼曰彼可計而取也若用兵必將走險非歲月可平也遼從之烏古鼐入其境因襲而擒之以獻

遼主召覘燕賜加等授生女直部族節度使 宋元通鑑

遼人呼節度使爲太師金人稱都太師自此始既爲節度使有官屬紀綱漸立前後願附者衆鄂敏 原作斡泯 水富察 原作蒲察 部特克新特布 原作泰神忒保 水完顏部圖們水溫特赫 原作溫迪痕 部舍音 原作神隱 水完顏部相繼來附

金史世紀

遼咸雍八年五國穆延 原作沒撚 部蘇頁 原作謝野 貝勒復叛遼烏古鼐伐之蘇頁敗走巴喇密特 原作拔里邁 濼烏古鼐將見遼邊將自陳敗蘇頁之功行次拉林 原作來流 水疾作而卒 宋元通鑑參金史

第二子和哩布原作劾里鉢遼重熙八年己卯歲生咸雍十年襲位其從父伯赫原作跋黑有異志和哩布慮其爲變不使將兵但爲部長加意事之伯赫遂誘和諾克原作桓赧薩克達原作散達烏春烏木罕原作窩謀罕爲亂託以和哩布買鍛工鄂博台原作烏不屯鐵甲爲兵端復間諸部使相疑貳流言欲生則附於伯赫欲死則附於和哩布時衆情無以察和哩布乃佯爲具裝欲有所往陰遣人揚言寇至部衆聞者莫知虛實有保於伯赫之室者有保於己室者乃盡得兄弟部屬向背彼此之情閒數年烏春來攻舍於阿勒哈原作阿里矮村和諾克

薩克達亦舉兵來遣弟頗拉淑拒之兵敗會烏春解去乃以偏師涉舍琿（原作舍很）水經特克（原作貼割）水摩多圖（原作婆多吐）水至和諾克薩克達所居焚其家殺百許人和諾克薩克達聞之大會諸部來攻過費摩（原作裴滿）部以其附於和哩布也縱火焚之富察部沙津（原作沙祇）貝勒呼卜圖（原作胡補答）貝勒使愛實（原作阿喜）來告難和哩布使之詭從以自全遣頗拉淑求援於遼遂率衆出使費摩呼實（原作裴滿胡喜）牽大紫騮馬以爲貳馬疾馳至陣軍吏懼和諾克盛強皆無人色和哩布陽陽如平常令士卒解甲少憩以水沃面調麨食之有頃軍勢復

振乃引英格手密語之曰今日之事若勝則已萬一不勝吾必無生汝今介馬遥觀若我死汝勿收吾骨勿顧戀親戚亟馬奔告於遼繫籍受印乞師以報此讎語畢袒袖不被甲以緼袍垂襴護前後心韔弓提劍三揚旗三鳴鼓身爲先鋒突入敵陣衆從之遂大勝自安巴彎（原作阿不彎）至於北隘甸死者如仆麻摩多圖水爲之盡赤仰天大呼今日之捷非天不能及此亦可以知足矣乃縱使去即引軍還和諾克薩克達自此不復能聚各以其屬來降遼大安七年也初和諾克兄弟之變博都哩（原作不术魯）部布呼富察部薩克

蘇助之至是招之不來布呼之黨舒嚕原作石魯遂殺布呼來降自是舊部悉歸明年沃埒原作斡勒部人博諾原作盃乃復結烏春烏木罕舉兵頗拉淑與戰敗之獲博諾以獻於遼拉必原作臘醅瑪察原作麻產侵掠野居女直略拉林水牧馬和哩布擊之中四創久之疾愈拉必等復略英格牧馬交結諸部乃復伐拉必等圍穆棱原作暮棱水克之盡獲古哩甸兵瑪察遁去遂擒拉必及頗克綽歡皆獻之遼又恐諸部人疑懼爲亂復請以前後所獻罪人還之既而自將與罕都合兵圍烏木罕棄城遁去大致俘獲師還寢疾遼大安八年五月十五

日卒襲位十九年母弟頗拉淑襲節度使烏古鼐第四子也是為肅宗遼重熙十一年壬午歲生在父兄時號國相初雅達為國相雅達者和諾克薩克達之父也景祖以幣馬求於雅達而命烏古鼐為之金史參宏簡錄大安八年自國相襲位是時瑪察尚據哲克依原作直屋鎧水招之不聽遣烏雅舒伐之阿固達以削單取瑪察家屬無遺遂殺瑪察獻馘於遼屯原作陶温水民來附同上

二年癸酉金史詳校云肅宗襲位始自稱元故變文書之遣阿固達以偏師伐尼瑪哈原作泥麗古部刷原作帥水穆哩罕原作林離海村伯

赫布爾噶（原作播立開）平之（同上）

三年八月肅宗卒母弟英格烏古迺第五子也是爲穆宗南人稱揚割太師（同上）

有巖版者生女眞之酋也聚族帳最多其孫曰揚割頗能用其人遂稱强諸部與東海黃頭相攻十餘年卒服屬之（謀夏錄）

生遼重熙二十一年癸巳以擒瑪察功命爲詳衮（原作詳穩）大安十年甲戌襲位年四十二以兄和卓子薩哈（原作撒改）爲國相三年丙子唐古部巴噶（原作跋噶）貝勒與溫都部人巴圖（原作跋忒）相殺遣阿固達率師追殺巴圖錫

馨水赫舍哩原作紇石烈部阿蘇原作阿疎穆都哩原作毛睹祿阻兵爲難自將往伐薩哈以偏師攻通恩原作鈍恩城拔之阿蘇初聞來伐乃自往訴於遼遼留和卓守阿蘇城會屯水圖嚕庫原作徒籠古水赫舍哩部阿勒班原作阿閣版及舒嚕阿五國鷹路執殺遼捕鷹使者遼使討之阿勒班等據險立柵方大寒乃募善射者操勁弓利矢攻之數日入其城出遼使以歸圖門琿春原作渾蠢水之交烏庫哩原作烏古論部埒克原作留可卓多原作詐都適與蘇伯水烏庫哩達薩塔原作烏古論敵庫德弁起兵穆嚕密斯罕原作米里迷石罕城訥格納原作納根涅之子通恩亦亡去於是兩

黨作難乃用薩哈爲都統希卜蘇阿里罕（原作阿里合懣）威泰（原作幹帶）副之以伐坶克卓多烏塔（原作烏塔）等們圖琿（原作謾都訶）實圖美伐達薩塔通恩將援坶克乘們圖琿兵未集而攻之既實圖美軍來會迎擊通恩大敗之降穆嚕密斯罕城獲通恩達薩塔釋弗殺攻破坶克城盡殺其城中渠長還圍烏塔城烏塔巳先亡在外城降於軍卓多亦降於普嘉努（原作蒲家奴）於是撫甯諸路如舊時阿固達因致英格之教於圖們琿春頁赫錫馨四路及嶺東諸部自今勿復稱都部長命雙寛綽哈（原作醜阿）等撫定伊勒呼（原作乞離骨）嶺綽滿（原作注阿門）水之

西諸部居民又命威泰及偏裨悉平二額訥斯琿原作涅囊虎二恩楚原作蠢出等路寇盜而還金史參宏簡錄

七年庚辰和卓向守阿蘇城穆都哩來降阿蘇猶在遼遼使使來罷兵未到英格使烏凌阿舒嚕往佐和卓戒之曰遼使來可以計卻勿聽其言但換我軍衣服旗幟與阿蘇城中同色令遼使不可辨復遣富察部呼嚕原作胡魯貝勒密遜原作邈遜貝勒與俱至阿蘇城和卓見遼使詭言我部族自相攻擊干汝等何事誰識汝之太師乃援槍刺殺二貝勒所乘馬遼使驚駭竟歸居數日破其城阿蘇復訴於遼遼遣奚節度使伊

里（原作乙烈）來英格至拉林水與克（原作輿和）村見伊里問阿蘇城事徵英格馬數百匹凡攻城所獲存者復與之不存者備償英格與僚佐謀若償阿蘇則諸部不復可號令任使也乃令矩威（原作主隈）圖塔（原作禿答）兩水之民陽爲阻絕鷹路復使布古德（原作鼈故德）部節度使言之遼曰欲開鷹路非生女直節度使不可遼不知其謀信之命英格往討而阿蘇城事遂止英格聲言平鷹路畋於屯水而歸是歲塢克來降（同上）

八年辛巳遼使使特賜物來賞平鷹路之有功者（金史）

一

九年壬午使菩嘉努以遼賜給矩威圖塔之民且修鷹路而歸（金史）冬蕭哈里叛遼（遼壽昌二年事）亡入女眞阿克占（原作阿典）部遣其族人烏達喇至女眞約同舉兵盈格執之會遼主命盈格討哈里盈格募兵得千餘人兄子阿固達曰有此甲兵何事不可圖也（先此女眞甲兵未嘗滿千故云）遂次混同水與哈里遇時遼兵追哈里者數千不能克盈格謂遼將曰退爾軍我當獨取哈里遼將許之盈格使阿固達與哈里戰哈里中流矢墜馬阿固達執而殺之大破其黨函哈里首獻於遼遼主大喜錫予加等（通鑑輯覽七十九）

遼大國舅帳蕭解里（案蕭解里即蕭哈里也）四郎君善騎豪俠不羈嘗養亡命數十人從行往來遊獵於遼至東西郡間一日獲罪遼國捕之甚峻卽嘯聚爲盜未旬日間有衆二千餘攻陷乾顯等數州諸道發兵捕討累戰不勝潛率衆奔生女眞界就結揚割太師謀叛諸軍追襲至境上不敢進具以聞北樞密院尋降宣劄子付揚割一面圖之揚割遷延數月獨斬賊魁解里首級遣長子阿骨打獻遼餘悉不遣給云已誅絕矣隨行婦女鞍馬器甲財物給散有功之人充賞遼不得已反進揚割父子官爵自是揚割父子內恃有功

於遼陰懷異志吞併旁近部族或誣以誘納叛亡或詐云盜藏牛馬好則結親以和取之怒則加兵以强掠之力農積粟練兵牧馬多市金珠良馬歲時進奉賂遺權貴以通情好契丹國志又謀夏錄所載略同賂遺權貴下有如此十餘年終契丹道宗朝未有以發　按此與輯覽同一事而較詳故並載之

十年癸未二月還遼遣使授有功官賞是歲高麗始來通好宏簡錄

女眞雖舊屬高麗不相通者久矣會高麗醫者至女眞還言於王曰女眞居黑水者部族日强兵益精悍乃通使於女眞通鑑輯覽

十月二十九日卒年五十一初諸部各有信牌用太祖議擅置者寘於法自是號令乃一民聽不疑自景祖以來兩世四主志業相因卒定離析一切治以本部法令東南至伊勒呼海蘭扎蘭扎卜古倫東北至五國矩威圖塔金蓋盛於此金史世紀

兄子烏雅舒乾統五年癸未襲節度使穆宗末年阿蘇使德濟原作達紀誘扇邊民海蘭甸人執送之穆宗使碩碩歡原作石適歡撫納海蘭甸未行穆宗卒至是遣焉先是高麗通好既而頗有隙高麗使來請議事使者至高麗拒而不納五水之民附於高麗執團練使十

四八同上

二年甲申高麗再來伐碩碩歡再破之高麗復請和前所執團練十四人皆遣歸碩碩歡撫定邊民而還蘇伯水民不聽命使威泰等至呼爾哈原作活羅海川召諸官僚告諭之鴻觀原作含國部蘇伯水齋沃赫原作斡鄰貝勒不至威準原作斡准部哲爾德原作職德部既至復亡去威泰遇二部於瑪奇原作馬紀嶺執之而來遂伐沃赫克之威泰進至博齊赫原作北琴海攻拔歡塔原作泓忒城乃還金史

四年丙戌高麗遣黑歡方石來賀襲位遣博囉原作盃魯報之高麗約還諸亡在彼者乃使阿古原作阿聒雙寬往

受之高麗背約殺二使築九城於海蘭甸以兵數萬來攻烏色（原作斡賽）及斡魯大敗之亦築九城與相對高麗約以還逋逃一人退九城之軍復所侵故地九月乃罷兵（金史參宏簡錄　按東國通鑑睿宗文孝王四年十二月遣都官郎中李國瓊如遼奏還女眞九城）

七年已丑歲不登減盜賊徵償振貧乏者

十一年癸巳卒年五十三追謚康宗（金史）

節度使烏雅舒卒阿古達襲位爲達貝勒（原作都勃極烈）遼使愛錫拉布（原作阿息保）謂之曰何不告喪阿固達曰有喪不能弔乃以爲罪乎（通鑑輯覽）

赫舍哩阿蘇既奔遼穆宗取其城及其部衆不能歸遂與族弟尼楚赫（原作銀朮可）薩里罕（原作辭里罕）陰結南江居人歡塔博索（原作渾都僕速）欲俱亡入高麗事覺太祖使瓜爾佳薩哈（原作夾谷撒喝）捕之而尼楚赫薩里罕先爲遼戍所獲歡塔博索已亡去薩哈取其妻子而還二年甲午六月太祖至江西遼使使來致襲節度之命金史

遼主好畋獵怠於政事每歲遣使市名鷹於海上道出生女眞使者貪縱徵索無藝女眞厭苦之烏雅舒嘗以遼主不遣阿蘇爲辭稍拒其市鷹使者及阿固達襲節度使相繼遣普嘉努實古納（原作習古迺）等索阿

蘇遼主終不許實古納歸具言遼主驕肆廢弛之狀阿固達乃召其所屬告以伐遼之故使備衝要建城堡修戎器以聽後命遼主使御史阿息保詰之阿固達曰我小國也事大國不敢廢禮大國德澤不施而逋逃是主以此字小能無望乎若還阿蘇朝貢如故苟不獲已豈能束手受制也阿息保還遼主始爲備命統軍蕭托卜嘉（原作撻不野）調諸軍於甯江州阿固達聞之使富卦喇（原作僕聒剌）復索阿蘇實觀其形勢富卦喇還言遼兵多不知其數阿固達曰彼初調兵豈能遽集如此復遣華沙布（原作胡沙保）往還言惟四院統軍

司與甯江州軍及渤海八百人耳阿固達曰果如吾言謂諸將佐曰遼兵知我將舉兵集諸路軍備我我必先發制之無爲人制衆皆曰善（續資治通鑑）號令諸部使博勒和（原作婆盧火）徵伊蘭（原作移懶）路都古魯訥兵烏楞古（原作斡魯古）阿嚕撫諭斡埒（原作斡忽）集賽（原作急賽）兩路係遼籍女直薩卜丹（原作實不迭）往安圖（原作完睹）路執遼障鷹官達嚕噶（原作達魯古）部副使色埒（原作辭列）甯江州渤海大嘉努（金史）於是達嚕噶部色爾袞（原作實里館）來告我部誰從諭以吾舊與汝鄰境固當從我若畏遼人自往就之（宏簡錄）

九月阿固達率兵進次寥晦城諸部兵皆會於拉林水得二千五百人遂命諸將傳梃而誓至遼界遇渤海軍耶律色實墜馬阿固達射殺之阿固達之子宗幹與數騎陷遼圍中阿固達救之免冑戰或自傍射之阿固達顧見射者一矢而斃謂其下曰盡敵而止衆從之勇氣百倍遼軍大奔蹂踐死者十七八薩哈在別部聞之使其子宗幹完顔希尹來賀勸其稱帝阿固達曰一戰而勝遂稱大號何示人淺也進軍甯江州塡塹攻城甯江人自東門出邀擊盡殪之宋元通鑑

初女眞有戎器而無甲遼之近親有以衆叛閒入其

境上爲女眞一酋說而擒之得甲首五百女眞賞其酋爲阿盧里移賚彼云第三箇官人亦呼爲相公旣起師才有千騎用其五百甲攻破甯江州松漠紀聞　按契丹國志郎蕭解里叛歸女眞事十月朔克其城獲防禦使大藥師努陰縱之使招諭遼人鐵驪部來送款夾拉林城以俘獲賜將士召渤海梁福額特埒使之僞亡去招諭其鄉人曰女眞渤海本同一家我興師伐罪不濫及無辜也使完顏羅索原作婁室招諭係遼籍女眞師還命諸路以三百戶爲穆昆原作謀克十穆昆爲明安原作猛安綽哈原作酬斡等撫定成默原作讒謀水女眞拜格原作鼈古酋長和索哩原作胡蘇魯以城

降金史

十一月，遼都統蕭嘉哩原作糺里副都統托卜嘉將步騎十萬會於鴨子河北。太祖自將擊之，未至，會夜方就枕，若有扶其首者三，寤而起曰：神明警我也。卽鳴鼓舉燧而行。黎明及河，遼人方壞陵道，選壯士千人金史宏簡錄均作十輩擊走之。因率衆繼進，遂登岸，與遼兵遇於珠赫原作出河店。會大風起，塵埃蔽天，乘風奮擊，遼兵潰，逐至沃棱原作斡論濼，殺獲不可勝計。遼人嘗言女真兵若滿萬則不可敵，至是始滿萬云。續通志參續資治通鑑

布呼原作僕虺等攻拔賓州，烏舍楚古爾蘇原作兀惹雛鶻室來

降遼將實古爾戰於賓州布呼琿楚敗之鐵驪王和勒博原作回离保以所部降宏簡錄遼圖哩原作鐵驪部奚部族號奚王和勒博原作回离保叛降女眞遼東北諸部多叛降女眞奚王和勒博總知東路兵馬事亦率所部降之已而後逃歸於遼通鑑輯覽烏達布原作吾覩補芬徹原作蒲察復敗實古爾蕭伊蘇原作乙錫軍於祥州東幹琿集賽兩路降烏楞古敗遼軍於咸州西斬統軍錫埒原作實婁於陣完顏羅索克咸州金史楊朴爲女眞建號因說曰自古英雄開國須受禪或求大國封册阿固達遂遣人契丹求封册其事有十

天祚付羣臣議遂差靜江軍節度使蕭習泥烈翰林學士楊勉充册封使册阿固達爲東懷皇帝至金國阿固達大怒遣蕭習泥烈等回曰徽號國號玉輅御寶我自有之須稱我大金國皇帝兄卽已天祚復請和皆不報遼史拾遺引謀夏錄

乙未年春正月女眞完顏阿古達稱帝國號金阿古達既屢勝遼其弟烏奇邁原作烏奇邁率將佐勸稱帝阿古達不許鄂蘭哈瑪爾原作阿离合懑等復言之阿古達乃用楊朴策於正月朔卽皇帝位曰遼以賓鐵爲號取其堅也賓鐵雖堅終以變壞惟金不變不壞金之色

白完顏色侚白況所居愛新水原注卽今呼爾哈河唐時謂之忽汗河金以後謂之金水河金國語以金爲愛新因又謂之金源之上於是國號大金改

元收國通鑑輯覽

太祖生於遼咸雍四年戊申秋七月以遼天慶五年

建國曰遼以鑌鐵爲國號鑌鐵雖堅剛終有銷壞惟

金亦色最爲奇寶自今本國可號大金北盟會編引金國太祖實錄

金主自將攻黃龍府進臨益州州人走保黃龍取其

餘民以歸遼遣行軍都統耶律鄂爾多原作訛里朶左副

統蕭伊蘇右副統耶律璋努原作張奴都監蕭色佛埒原作

謝佛留騎二十萬步卒七十萬戍邊遼主率兵趨達嚕噶城次甯江州西金主登高望遼兵若連雲灌木狀顧謂左右曰遼兵心貳而情怯雖多不足畏遂趨高阜為陣宗雄以右翼先馳遼左軍左軍卻右翼出其陣後遼右軍皆力戰羅索尼楚赫衝其堅凡九陷陣皆力戰而出宗幹請以中軍助之遼兵遂敗乘勝追躡至其營會日已暮圍之黎明遼軍潰圍出逐北至阿嚕原作阿婁岡遼步卒盡殪是役也遼人本欲屯田且戰且守故金併得其耕具以給諸軍續資治通鑑

二月師還三月辛未朔獵於冢晦城四月遼耶律漳

努以國書來上以書辭慢侮留其五人獨遣漳努回報書亦如之金史九月取遼黃龍府金主攻黃龍府次混同江水深無舟以渡使一人導前乘赭白馬徑涉曰視吾鞭所指而行諸軍隨之水及馬腹遂克黃龍府遣蕭齊喇還告遼曰若歸我叛人阿蘇卽當班師通鑑輯覽北盟會編引亡遼錄作天慶秋女眞陷東京黃龍府如咸信通韓春靖泰五十餘州遂又陷遼東長春兩路冬十一月遼主自將親軍七十萬至圖們原作駙馬駝門蕭特默原作特末林牙蕭扎拉原作查剌等將騎兵五萬步卒四十萬至沃棱濼金主自將禦之續資治通鑑金主行次

約囉原作爻剌通鑑輯覽作鶻綠注云屯名在黃龍府東與其臣謀曰遼兵號七十萬其鋒不可當吾軍遠來人馬疲乏宜駐於此深溝高壘以待之遣都古嚕訥尼楚赫鎮達嚕噶金史參通鑑輯覽

十二月丁未上以騎兵親候遼軍獲督餉者知遼主以漳努叛西還二日矣是日上還至舒吉濼有光見於矛端戊申諸將曰今遼主既還可乘怠追擊之上曰敵來不迎戰去而追之欲以此爲勇耶衆皆悚愧願自効上復曰誠欲追敵約齎以往無事餽饋若破敵何求不得衆皆奮躍追及遼主於呼岱巴原作護步荅

岡是役也兵止二萬上曰彼衆我寡兵不可分視其中軍最堅遼主必在焉敗其中軍可以得志使右翼先戰兵數交左翼合而攻之遼兵大潰我師馳之橫出其中遼師敗績死者相屬百餘里獲輿輦帟幄兵械軍資他寶物馬牛不可勝計金史二

二年正月戊子詔曰自破遼兵四方來降者衆宜加優恤自今契丹奚漢渤海係遼籍女眞室韋達魯噶烏舍原作兀惹鐵驪諸部官民已降或爲軍所俘獲逃遯而還者勿以爲罪其部長仍官之且使從宜居處同上

四月乙丑以斡魯統內外諸軍與芬徹都古魯訥會

咸州路都統烏楞古討高永昌（同上）

九月獵於近郊（續文獻通考）

天輔元年正月古倫温貝勒舍音以兵一萬取泰州

金史

二

二年三月庚子以羅索言黃龍府地僻且遠宜重戍守乃命合諸路穆昆以羅索爲萬戸鎮之（同上）

七月癸未詔曰匹里水路完顏木里古博囉（原作水匹里）路完顏珠勒呼（原作朮里古）渤海大嘉努等六穆昆民貧乏可具登耗之數以聞丙申遼戸二百來歸處之泰州詔遣阿里庫（原作阿里骨）理嘉努（原作李家奴）德勒台（原作特里

底招諭未降者仍詔達嚕噶部貝勒邑埒凡降附新民善爲存撫來者各令從便安居給以官糧毋輒動擾宏簡錄

十月乙未咸州都統司言漢人李孝公渤海二哥率衆來降命各以所部爲千戸金史二

三年五月壬戌詔咸州路都統司曰兵興以前哈斯罕輝發原作回怕與係遼籍不係遼籍女眞戸民有犯罪流竄邊境或亡入於遼者本皆吾民遠在異境朕甚憫之今既議和當行理索可明諭諸路千戸穆昆偏與詢訪其官稱名氏地里具錄以上同上

十一月高麗增築海蘭甸長城三尺詔呼嚕古原作胡刺古錫馨愼固營壘宏簡錄

四年九月距威原作水部錫勒哈達原作實里古達等殺貝勒綽哈布古德原作僕忽德以叛十月戊寅命斡魯分呼嚕古烏春之兵以討錫勒哈達金史二

五年春正月斡魯敗錫勒哈達於哈達拉山誅首惡四人餘悉撫定同上

二月分諸路明安穆昆之民萬戶屯泰州以博勒和統之賜耕牛五十時伐遼取泰州徙遼降人居之命千戶穆昆宗雄按視泰州地土宗雄包其土來奏曰

其土如此可耕種也續文獻通考

六年六月戊子朔上親征遼發自上京辛亥詔諭上京官民曰今者親征欲由上京路進恐撫定新民驚疑失業已出自登穆魯原作篤密呂其先降後叛逃入險阻者詔後出首悉免其罪二金史

七月上京漢八毛八十率二千餘戶降因命領之宏簡錄

十二月丙辰黃龍府仍附於遼宗輔討平之續通鑑

以上京爲內地徙山西諸州民實之續文獻通考

七年九月乙卯葬太祖於宮城西南之甯神殿金史

太宗天會元年九月癸酉發春州粟振降人之徙於上京者金史三

十月己亥上京慶元寺僧獻佛骨卻之上同

二年二月丁酉命徙伊蘭路迠貝勒完顏忠於蘇伯水三月辛巳命置驛上京春泰之間四月戊午賜上京新築城名會平州乙亥詔贖上京路新遷甯江州戸口賣身者六百餘人宏簡錄

五月乙巳海蘭路軍帥完顏呼嚕古原作忽剌古等言往者歲捕海狗海東青鴉鶻於高麗之境近以二舟往高麗乃盡殺二舟之人帝曰以小故起戰爭甚非所

宜今後非命毋輒往續通志

海蘭伊勒呼水霖雨害稼且爲蝗所食秋泰州潦害稼續文獻通考

九月二十七日丙子宋使馬政等至女眞所居阿芝川淶流河北盟會編

十月甲子泰州潦發甯江州粟以振之續通鑑

是年爲遼天祚帝保大四年天祚被俘降封海濱王差兵護送長白山東茅齋自敘作築城居之亡遼錄天祚在天會三年契丹國志送長白山東築室居之踰年己巳而殂與亡遼錄同是二年事也從之置諸東海隅按史獲

五年九月丁未詔以內地諸路每耕牛一具賦粟五

斗以備歉歲續通志

六年冬伊蘭路饑續文獻通考

七年十一月庚戌徙哈斯罕都統司治會甯州金史會字

據金史詳校加

八年七月辛亥詔給泰州都統博勒和所部諸穆昆甲冑各五十上同

八月丁卯徙昏德公重昏侯於呼爾哈路續通志

九年正月戊申命籍圖們水以西和摶原作錫馨珊渾曈三水以北閑田給海蘭路諸穆昆宏簡錄原作沁儻蠢

十一月己未遷趙氏疎屬五百餘人於上京續通鑑

十年二月庚午賑上京路戍邊之民續通鑑

四月庚寅以鴨綠混同江暴漲命賑徙邊戍戶之在混同江者續通鑑

七月甲午振泰州路戍邊戶宏簡錄

八月甲申黃龍府置錢帛司續文獻通考

十一年十二月癸未振伊蘭海蘭路饑續文獻通考

熙宗天會十三年肇州置錢帛司金史詳校

乃顏之党哈丹收散卒衆號十萬脅掠水達達女眞之地闌入我疆盋齋集

天眷元年二月壬戌上如約羅有混同江行宮春水已巳詔

罷拉林水混同江護邏地與民耕牧續文獻通考

七月丁酉按春原作按出滸河水溢壞廬舍民多溺死金史

八月以京師爲上京府曰會寗舊上京爲北京續通鑑

九月甲申朔以奭爲會寗牧封鄧王金史

二年以黃龍府爲濟州軍曰利涉續文獻通考

七月庚子捕魚混同江續通鑑

皇統二年正月己亥上獵於拉林河丁未上至自拉林河金史

五年二月乙未次濟州春水宏簡錄

六年正月乙亥畋於梅棱原作謀勒壬辰如春水四月庚

子朔至自春水金史

三月己亥以上京宫室太狹是月始役五路工匠撤而新之續通鑑

七年冬十一月復歸上京續通鑑

九年五月戊子曲赦上京囚金史

海陵王天德二年十二月癸丑立太祖射碑於赫舍哩部中

四年二月戊子次泰州續通鑑

十一月辛丑買珠於烏爾古德哷勒部及扶餘路禁百姓私相貿易仍調兩路民採珠續通志

貞元元年春三月改會甯府爲北京續通鑑

閏十二月有司奏建社稷壇於上京並定社稷制度續文獻通考

三年五月乙卯命判大宗正事京等如上京奉遷太祖太宗梓宮六月乙未命右丞相思恭大宗正丞胡拔魯如上京奉遷德宗梓宮宏簡錄

正隆元年七月己酉命太保昂如上京奉遷始祖以下梓宮金史

二年八月甲寅罷上京留守司

十月命吏部郎中蕭彦良盡毁上京宮殿宗廟大族

邸第及儲慶寺夷其址耕墾之續文獻通考

亮初刷國中女眞五國烏熟鐵黎渤海契丹漢兒軍自備衣甲鞍馬弓箭刀槍軍需餱糧車牛奴婢遠來沿邊道途艱辛不肯前行皆共謀曰帝遠犯南朝未知勝負不若從此就近徑往東京與渤海酋豪册立葛王爲主金史詳校引神麓記

世宗大定元年會甯呼爾哈率賓原作速頻等路南伐諸軍會尚書省奏請以從軍來者補諸局司承應人及官吏闕員上曰舊人南征者即還何以處之必不可闕者量用新人可也金史

二年正月甲午命咸平濟州軍三萬入屯京師二月庚寅詔平章政事伊喇元宜泰州路規措邊事秋七月丁巳率賓軍士珠勒呼等誣完顏默音子色克寄書其父謀反帝覽書曰誣也珠勒呼伏誅續通志

壬戌詔發濟州會甯府軍在京師者以五千人赴北京都統府十二月詔會甯府國家興王之地宜就慶元宮址建正殿九間仍其舊號以時薦享續文獻通考

是歲始許民以米易鹽初遼金故地濱海多產鹽上京東北二路食肇州鹽率賓路食海鹽皆足以食境內之民嘗征其稅至是詔轉運副使梁肅移牒肇州

等處許民以米易鹽兵民皆得其利續文獻通考

三年三月丙申詔臨潢漢民逐食於會甯府濟信等州宏簡錄

五年與宋通好留率賓呼爾哈會甯咸平等路軍內揀取秦州海蘭路並行放還續文獻通考

會甯府太祖廟成有司言宜以御容安置詔以便服容一遣官奉安續文獻通考

九年七月乙卯朔罷東北路採珠宏簡錄

十二月丙戌振泰州諸明安民金史

十二年罷上京路會甯府歲貢秦王魚續文獻通考

十三年七月庚子復以會甯府爲上京金史

十七年遷西南西北招討司契丹餘黨於上京續文獻通考

十八年四月命泰州所管諸明安遇豐年多和糴續文獻通考

二十年以上京路女真人戶規避物力自賣其奴婢致耕田者少遂以貧乏詔定制禁之續文獻通考

二十一年五月戊申增築泰州臨潢府等路邊堡及屋宇宏簡錄

二十三年七月命推排上京諸路牛具數帝慮版籍

歲久貧富不同明安穆昆又皆少年不練時事一旦軍興按籍徵之必有不均之患乃令驗實推排續文獻通考

二十四年二月癸酉上曰朕將往上京念本朝風俗重端午節比及端午到上京則燕勞鄉閭宗室父老

四月乙酉觀魚於混同江金史

五月乙丑至上京居於光興宫庚寅朝謁慶元宫戊戌宴於皇武殿賜諸王妃主宰執百官命婦各有差宗戚皆霑醉起舞竟日乃罷續通鑑

六月辛酉幸按春水臨漪亭壬戌閲馬於綠野淀金史

七月乙未謂宰臣曰巡狩所至當舉善罰惡凡有孝悌睦婣者舉用之無行者教戒之不悛則加懲罰丙午獵於郭野淀續通鑑

七月罷會甯所屬鹽引添竈戶時帝在上京謂丞相烏庫哩元忠等曰會甯尹富察通言其地明安穆昆戶甚艱舊率賓以東食海鹽呼爾哈等路食肇州鹽初定額萬貫今增至二萬七千若罷引添竈戶庶可易得元忠對曰已遣使咸平以東規畫矣帝曰不須待此宜急爲之續文獻通考

八月乙亥詔免上京今年市稅十月丁卯獵於近郊

十一月辛卯還宮甲午詔有司報諭宋與高麗夏國上京天寒地遠正日生日並不須遣使續通志

十一月丙午尚書省奏徙率賓呼爾哈三明安二十四穆昆以實上京時以上京刷和倫之地廣而腴遣刑部尚書烏哩頁出府庫錢以濟行資牛畜遷速頻一明安呼爾哈二明安二十四穆昆以實之續文獻通考

十二月丙辰獵於近郊己卯還宮金史

二十五年春正月丁亥宴妃嬪親王公主文武從官於光德殿宗室宗婦及五品以上命婦與坐者千七百餘賞賚有差續通鑑

二月丁丑如春水四月己未至自春水癸亥幸皇武殿擊毬許士民縱觀金史

甲子詔於率賓呼爾哈兩路明安下選三十穆昆爲三明安移置於刷達巴罕原作率督畔窟之地以實上京壬申曲赦會甯府仍放免今年租稅百姓年七十以上者補一官甲戌以會甯府官一人兼大宗正丞以治宗室之政續通鑑

丁丑宴宗室宗婦於皇武殿大功親賜官三階小功二階緦麻一階年高屬近者加宣武將軍及封宗女賜銀絹各有差羣臣宗戚捧觴上壽皆稱萬歲己卯

發上京續通志

五月癸卯遣使於秦州勸農續通志

十月甲子禁止上京等路大雪及含胎時採捕

是年罷上京會甯府貢豬二萬

二十六年六月癸亥尚書省奏率賓呼爾哈世襲穆昆事上曰其人皆勇悍昔世祖與之鄰苦戰累年僅能克復其後乍服乍叛至穆康時始服聲教近世亦嘗分徙朕欲稍遷其民上京實國家長久之計也宏簡錄

二十七年五月壬子詔罷海蘭路所進海葱及太府

監日進時果曰葱果應用幾何徒勞人耳金史

命改設麴課聽民酤初二十四年帝在上京會甯尹富察通請罷上京酒務令民自造以輸稅未許二十六年帝以上京酒味不嘉欲如中都麴院取課庶使民得美酒至是遂有是命續文獻通考

章宗明昌三年十月命上京置常平倉續文獻通考

四年十月罷上京常平倉續文獻通考

九月甲申命上京等九路選軍俟來春調發續通志

承安元年十一月庚寅特們原作特滿羣牧契丹圖卜蘇原作陁鎖德壽反泰州軍敗之金史

二年九月壬寅遣官分詣上京咸平等路招募漢軍不足則簽補之續通志

三年春正月丁巳併上京東京兩路提刑司爲一提刑使副兼安撫使副安撫專掌教習武事毋令改其本俗金史

太和二年十二月丁卯以皇子生遣使報謝於長白山同上

六年諸路復行小鈔遼東則於上京咸平官庫易錢續文獻通考

八年八月從遼東按察使楊雲翼言以咸平東京兩

路商旅所集遂從都南例一貫以上皆用交鈔不得用錢續文獻通考

夏四月甲寅以北邊無事敕尚書省命東北路招討司還治泰州金史

十二月丁未敕諭臨潢泰州路兵馬都總管承裔等修邊備同上

宣宗貞祐初耶律瑠格聚衆隆安金人討之爲所敗盡有遼東州郡稱遼王都於咸平方輿紀要

金主遣宣撫萬努領軍四十萬攻瑠格逆戰於歸仁縣北河上金兵大潰萬努收散卒奔遼東元史一百四十九

興定元年四月己未以權遼東路宣撫使富察烏錦權參知政事行尚書省元帥府於上京續通志

元太祖七年壬申春正月故遼人耶律瑠格聚衆隆安自爲都元帥遣使來附續通志

太祖起兵朔方金人疑遼遺民有他志瑠格不自安歲壬申遁至隆安韓州剽掠其地數月衆至十餘萬太祖命按陳諾延呼塔噶行軍至遼遇之問所從來曰將往附大國按陳曰我奉命討女眞適與爾遇豈非天乎元史一百四十九

八年癸酉春耶律瑠格自立爲遼王改元元統同上

元太祖舉兵攻金有契丹遺種金山王子金始王子自稱大遼收國王元大舉伐之二王子席捲而東闌入我疆元遣元帥哈眞等與東眞國將完顏子淵來討賊莫能支奔還女眞地時賊在咸平與我比境雞犬之聲相聞益齋集　朝鮮史畧入女眞地得女眞兵長驅復來寇

太宗五年癸巳秋九月塔斯從皇子貴由東征擒金咸平宣撫完顏萬努於遼東萬努金內族自乙亥歲聚衆保東海號東夏至是平之凡十九年而滅元史一百十九參方輿紀要

九年立遼陽鹽課初命北京路徵收課稅所立隨車

隨引載鹽之法每鹽一石價銀七錢半至癸卯年合
蘭路歲辦課白布二千疋恤品路一千疋續文獻通考十九
世祖中統二年秋八月辛丑賈文備爲開元女直碩
達勒達原作水達達等處宣撫使元史
九月癸未改開元路隸北京元史類編
冬十一月壬申罷十路宣撫司止存開元路續通鑑
三年夏六月乙丑割遼河以東隸開元路元史類編
四年夏四月己未罷開元路宣撫司元史
至元三年春二月甲申復立東京開元率賓原作恤品海
蘭等路宣撫司元史類編

四年春正月戊午立開元等路轉運司元史

十二月簽女直碩達勒達軍三千人續文獻通考

六年春二月丁丑開元等路饑減戶賦布二疋秋稅減半碩達勒達戶減青鼠二其租稅被災者免徵免單丁貧乏軍士一千九百餘戶爲民元史

七年秋七月乙丑以遼東開元總管府兼本路轉運司事元史類編

八年秋七月壬戌以扎瑪里鼎爲提點簽女直碩達勒達軍元史

九年秋七月丁巳拘括開元東京等路諸漏籍戶賑

碩達勒達部饑元史

十一年春三月庚寅敕鳳州經略使實都高麗軍民總管洪察球爾等將屯田軍及女直軍並水軍合萬五千人戰船大小合九百艘征日本元史

十三年夏四月戊辰以河南兵事未息開元路民饑並弛正月五月屠殺之禁續通志

庚辰以碩達勒達分地歲輸皮革自今並入上都元史 續文獻通考作十三年

秋七月丙午改開元宣撫司爲宣慰司元史

十五年春正月壬寅弛女直碩達勒達酒禁續文獻通考

十六年秋九月乙巳朔詔女直碩達勒達軍不出征者令隸民籍輸賦續通志

十七年咸平路蝗續文獻通考

冬十月甲戌遣使括開元等路軍三千征日本續通志

十八年秋八月壬辰以開元等路六驛饑命給幣帛萬二千疋民鬻妻子者官爲贖之元史

十九年冬十月丁未女直陸實自請造船運糧赴鬼國贍軍從之元史十二

二十年夏五月丙子立海西遼東提刑按察司按治女直碩達勒達部元史類編

八月甲子遣軍六千人淘金雙城元史類編續通志係二十一年命伊蘇岱爾所部六十人淘金雙城

冬十二月癸卯發粟振碩達勒達四十九站戊申給布萬疋振女直饑民一千戶元史

二十一年夏四月戊申命開元等路宣慰司造船百艘付狗國戍軍續通志

二十二年夏六月庚戌命女直碩達勒達造船二百艘及造征日本迎風船續資治通鑑

冬十月塔海弟陸實言百姓及諸役下民俱令造船於女直而女直復發爲軍工役繁甚元史

二十三年春二月乙巳廷議以東北諸王所部雜居其間宣慰司望輕罷山北遼東道開元等路宣慰司立東京等處行中書省以庫庫尼敦爲左丞相遼東宣慰使達春右丞元史按元史類編省治咸平

秋七月復咸平宣慰司續文獻通考

冬十二月乙未遼東開元饑振糧三月元史

二十四年春正月丁亥弛女直碩達勒達地弓矢之禁續文獻通考

閏二月癸亥以女直碩達勒達連歲饑荒移粟振之仍免今年公賦及減所輸皮布之半元史

夏六月乙丑諸王蘇都爾原作失都兒所部特爾格原作鐵哥率其黨取咸平府元史

秋七月癸巳納延黨蘇特爾犯咸平宣慰達春從皇子阿雅噶齊合兵出瀋州進討宣慰伊爾蘇克分兵趣懿州其黨悉平續通志

九月戊申咸平懿州北京以納延叛民廢耕作又霜雹爲災告饑詔以海運糧五萬石振之續資治通鑑

二十五年春二月壬戌省遼東海西道提刑按察司入北京元史

八月以咸平府經兵亂發瀋州倉振之續文獻通考

二十六年春二月哈坦兵寇呼嚕口開元路治中烏延雅勒呼破之續通志

六月庚申諸王奈曼岱敗哈坦兵於托果琳河續通志

二十七年春正月丙寅命高麗國發躭羅戍兵討哈坦餘寇續通志

二月戊寅開元路饑續文獻通考

夏五月乙巳哈坦寇開元元史

九月己巳平章政事實喇特穆爾帥師與哈坦戰於烏法大破之續通志

十二月乙未摘蒙古軍萬人戍雙城及博索府以防

合丹兵元史類編

二十八年春二月辛未遣官覆驗碩達勒達咸平貧民振之元史

冬十月辛卯詔給蒙古人內附者及開元南京碩達勒達等三萬人牛畜田器續文獻通考

二十九年夏五月甲午遼陽碩達勒達女直饑詔呼圖克布哈原作忽都不花趣海運給之元史

閏六月丁酉開元等路雹害稼免田租七萬七千九百八十八石

秋九月壬午碩達勒達女直民戶由反地驅出者押

同本地分置萬夫千夫百夫內屯田元史

十月以蠻軍女直戶爲咸平府立蒲峪路屯田萬戶府續文獻通考

三十年春正月庚午給尼奇哩女眞牛價農具續通志

冬十二月辛卯武平路達嚕噶齊塔海言女直地至今未定賊一人入境百姓離散臣願往安集之詔以塔海爲遼東道宣慰使元史

于楚勒罕拉林等處立屯續文獻通考

成宗元貞二年七月肇州萬戶府立屯田給以農具種食以納顏布勒噶齊及打魚碩達勒達女直等戶

於肇州旁近地開種續文獻通考

十二月開元路旱續文獻通考

大德三年四月遼東開元咸平蒙古女直人乏食以糧二萬五百石布三千九百疋振之續文獻通考

四年十一月罷遼陽省所轄狗站牛站爲一續通志

七年開元路雨水壞田廬元史

秋七月丙子罷遼東宣慰司元史

仁宗皇慶元年春三月省女直碩達勒達萬戶府冗員元史

六月碩達勒達路水松阿哩江溢民避居伊瑪晉爾

嶺開元路風雹害稼續文獻通考

延祐二年夏五月庚午立海西遼東鷹坊萬戸府隸中政院續通志

五年開元路水續文獻通考

七年夏六月壬辰罷女直萬戸府及狗站

英宗本紀延祐七年八月丁卯䚄思馬部宣慰使亦憐眞坐違制不發兵杖流奴兒干之地

至治元年二月丁巳李謙亨竄於奴兒干地三月己亥宦者孛羅鐵木兒坐罪流奴兒干地

五月壬寅開元路霖雨傷稼

秋七月壬申開元等路大水以上元史

三年正月征東摩濟地沃濟以貂鼠水獺海狗皮來

獻詔存恤三歲元史類編

泰定帝本紀至治三年八月癸巳卽位十二月癸未

流諸王曲呂不花於奴兒干元史

泰定二年夏六月丙午碩達勒達路饑振糧一月元史

秋九月壬戌開元路三河溢沒民田壞廬舍元史

致和元年六月開元路水續文獻通考

文宗天歷二年夏五月丁巳碩達勒達路烏蘇果勒

千戶所大水元史

至順元年春二月己丑開元路呼爾哈萬戶府軍士饑給糧振之

夏五月戊辰開元路呼爾哈萬戶府軍士饑各振糧二月

秋七月開元路旱續文獻通考

九月丁未遼陽行省碩達勒達路自去夏霖雨黑龍松阿哩二江水溢民無魚爲食至是邁拉遜一十五狗驛狗多餓死振糧兩月狗死者給鈔補市之元史

順帝元統二年夏六月乙酉開元瀋陽懿州水旱蝗大饑詔以鈔二萬錠遣官振之元史

至正三年遼陽窩濟人及碩達勒達皆叛元史類編

六年夏四月壬子遼陽爲捕海東青煩擾沃濟野人及碩達勒達皆叛萬戶邁珠等討之遇害詔恤其家續通鑑

七年夏四月辛巳以通政院使都蘭格爾爲遼陽行省參知政事討沃濟野人續通志

八年三月遼東薩古納反詐稱大金子孫碩達勒達托克托和斯唐古和爾果斯討擒之續通志

十年夏四月庚子罷海西遼東道巡防捕盜所立鎮甯州元史

明太祖洪武二十年夏六月馮勝至金山納克楚降

初元太尉納克楚擁衆數十萬屯金山數侵遼東帝

以勝爲大將軍征之復遣前所獲之元將鼐喇固北

還勝帥師趨金山鼐喇固至松花河納克楚見之大

驚勝深入至女直苦屯納克楚度不敵乃降初納克

楚分兵爲三營一曰榆林深處一曰養鵞莊一曰龍

安伊圖河畜牧蕃盛及爲大軍行所偪因請降將士

妻子十餘萬在松花河北凡二十餘萬人所獲輜重

馬畜亙百餘里還至亦迷河復收其殘卒二萬餘通鑑

輯覽參明史

一百二十九

二十二年夏五月置福餘三衛原注今科爾沁郭爾羅斯杜爾伯特等部爲福餘衛故地通鑑輯覽

二十六年六月遼東都指揮使司奏朝鮮國招引女直五百餘人潛渡鴨綠江欲入寇明史三百二十

成祖永樂元年窩集部長錫揚哈舒什哈進馬置窩集衛以錫揚哈爲指揮舒什哈爲指揮同知滿洲源流考引明實錄以下同

是年野人酋長來朝已而建州海西悉境歸附博物典彙

二年置窩集左衛以部長托克托和爲指揮同知

置窩集右衛以部長諾海爲指揮同知　置窩集後

衛以部長徹伯爾爲指揮同知　十月置喬集屯河所以歡塔等爲千百戶

三年置薩里衛以巴蘭等處部人茂義等爲指揮僉事

四年正月置喀爾岱所以巴圖布哈爲千百戶　置塔山衛以部長達拉齊爲指揮　置達喜穆魯衛爲業赫國地部長祝孔額嘗授達喜穆魯衛都督僉事　二月置額音楚衛以部長多羅爲指揮　三月置吉河衛以部人速魯棟阿爲指揮　七月因溫托琿等處部人吉思納入朝置雙城等五衛　八月烏

拉等處部人奇爾鼐紐爾等來朝置烏拉伊爾托漠費森四衛　置塞珠倫衛以部人鼐爾布哈爲指揮五年正月又置塞珠倫河衛　置穆楞河衛又以部人納尼爲指揮　五月置齊努渾等十二衛以部人圖成阿等爲指揮等官　九月置肥河衛以圖河錫勒們山等處人爲指揮等官　十月置穆陳衛與布爾堪衛同置以部人與齊布哈等爲指揮　十二月烏拉原作吾蘭等處部人和索哩成格奇納等來朝置穆勒肯山衛於撥里之地　十二月以部人迪陞格爲指揮　置庚吉音河等五衛以部人克成額爲指

揮
六年正月置推屯河衛以部人伯辰等爲指揮　二月置費克圖河衛以部人嘉淩阿和托爲指揮　三月置瑚爾哈河衛以訥訥赫等處部人博素　爲指揮　置特林河衛以部人特穆爾等爲指揮　四月置富勒堅衛以尼嚕罕部人瑚爾都訥爲指揮　五月改瑚爾哈衛爲福題希衛以部人達實爲指揮
置奇穆尼衛以瑚爾穆地部人薩敦爲指揮
八年二月置庫棱河舒藩尼滿河等三衛以納哈等十九人爲指揮等官　置費雅河衛以部人圖拉等

爲指揮　十月置希禪河衛以部人選塔努爲指揮

僉事

九年二月置畢瞻河衛以部人瑪吉尼爲指揮

十二年三月置布爾噶圖河衛以部人伊能額爲指

揮　置噶海河衛以部人廣佑等爲指揮　十二月

置實爾固宸衛以部人萬達爲指揮

十三年十月置扎津衛以部人吉當阿爲指揮同知

置呼錫哈哩衛以部人呼塔斯爲指揮同知　置

珠敦河衛以部人章嘉爲指揮同知

十四年八月置吉潭河衛以部人雅蘇爲指揮同知

屬瑚爾哈福題希衛

宣德九年泰甯撒赤等拘肥河衛使人殺之肥河衛頭目別里格與戰於格魯坤迭連撒赤大敗建州亦出兵攻之三衛大困明史三百二十八

正統三年先是建州長童倉避居朝鮮界已復還建州朝鮮言昔以窮歸臣臣遇之善今負恩還建州李滿住所慮其同謀擾邊建州長言所部爲朝鮮追殺阻留一百七十餘家

十三年冬命使調發朝鮮及野人女直兵會遼東征北寇

景泰元年遼東奏報開原瀋陽有寇入境掠人畜係建州海西野人女直頭目李滿住爲嚮導

天順三年邊將奏有建州三衛都督私與朝鮮結恐爲中國患因敕琛毋作不靖貽後悔琛疏辨復諭曰宣德正統年間以王國與彼互相侵掠敕解怨息兵初不令交通結賞授官也彼既受朝廷官職王又加之是與朝廷抗也王素秉禮義何爾文過飾非後宜絕私交以全令譽

四年復諭琛曰王奏毛憐衛都督郎卜兒哈通謀煽亂已置之法夫法止可行於國中豈得加於鄰境郎

卜兒哈有罪宜奏朝廷區處今輙行殺害何怪其子阿比車之思復讎也聞阿比車之母尚在宜急送遼東都司令阿比車領囘以解讎怨

五年建州衛野人至義州殺掠琛奏乞朝命還所掠兵部議朝鮮先嘗誘殺郎卜兒哈繼又誘致都指揮兀克縱兵掠其家屬今野人實係復讎宜諭朝鮮寇盜之來皆自取惟守分安法庶弭邊釁從之

成化元年三衛頭目朶羅干東合海西兵入塞

成化三年是時朝廷用兵征建州敕琛助兵進剿琛遣中樞府知事康純統衆萬餘渡鴨綠瀦潴二江攻

破九獮府諸寨斬獲甚多以上明史三百二十

吉林通志卷十

沿革志上

吉林屬城及府廳州縣沿革全表

	吉林統部
唐虞三代	虞爲息愼夏至周爲肅愼亦曰稷愼
兩漢	前漢西南爲元菟郡地後漢東北爲挹婁東南爲北沃沮西南爲高句驪北境西北爲扶餘
晉	東北爲挹婁東南爲北沃沮西南爲高句驪北境西北爲扶餘
北魏	松花江以東爲勿吉松花江以西爲高句驪三姓東北爲豆莫婁
隋	南爲白山粟末北爲伯咄安車骨東爲拂涅號室東北爲黑水窟說莫曳皆虞婁越喜鐵利等靺鞨地
唐	初曾設勃利州黑水府西及西北爲高麗後爲渤海涑州東爲上京及率賓府東南爲南京東北爲東平府西南爲中京西北
遼	爲涑州北爲東京之寗江州西爲率賓府西北爲東京之通州賓州龍州黃龍府湖州渤州勝州河州祥州上京之長春州南
金	南爲上京海蘭路東南爲率賓路東北爲呼爾哈路北爲肇州會寗府西北爲隆州及東京之泰州西爲東京咸平路屬縣
元	爲開元路西爲咸平路混同江兩岸爲合蘭府碩達勒達等路
明	初年爲訥兒干都司領衛所一百餘其後南爲長白山三部西爲葉赫部西南爲輝發部北爲烏拉部東南爲瓦爾喀部東及

吉林府

虞為息慎夏至周為肅慎亦曰稷慎

為元菟郡上殷台西蓋馬兩縣地

為扶餘東南境高句驪東北境

為勿吉及高句麗之東北境

為白山粟末靺鞨

初為白山粟末靺鞨後為渤海涑州獨奏州東為率賓府之建州西及西南為中京

為扶餘府極東北為黑水靺鞨

為涑州西為率賓府南為長白山部西南為輝發部

為長白山部西南為輝發部及定安國東南為博羅滿達勒部東北為女眞烏舍鐵驪靺鞨等部極東北為五國伯哩部

為上京會甯府之南境海蘭路之西北境東京咸平路之東境

南及西為咸平路之東境北為開元路屬境

初為額音楚蘇完河烏拉伊罕河瑪延山齊奮渾河伊督山阿濟納穆河佛爾們河

東北為窩集呼爾哈等部西及北初為三萬衛後入蒙古科爾沁部

伊通州

虞爲息愼夏至周爲肅愼亦曰稷愼

爲元菟郡西蓋馬縣西境及高句麗縣地

爲高句麗北境

爲高句麗北境

爲高句麗

初爲高句麗後爲渤海中京顯德府顯鐵興三州

爲率賓府及輝發部定安國

爲東京咸平路歸仁玉山二縣地

爲咸平府境

伊拉齊河推屯河實山依什羅羅奇塔穆河嘎海河伊勒們河鄂山庫勒訥河松阿哩屯齊等衛及窩集色勒所後爲烏拉部初爲塔山雅哈河伊敦河拉克山發河等衛後爲輝發葉赫等部

顯德府盧榮湯三州

敦化縣	長春府	農安縣
虞爲息愼夏至周爲肅愼亦曰稷愼	虞爲息愼夏至周爲肅愼亦曰稷愼	虞爲息愼夏至周爲肅愼亦曰稷愼
爲元菟郡上殷台縣地	爲夫餘	爲夫餘
爲挹婁	爲夫餘	爲夫餘
爲勿吉	爲高句麗北境	爲高句麗北境
爲白山靺鞨	爲高麗之扶餘城境	爲高麗扶餘城
初爲白山靺鞨後爲部渤海率賓府之建州	初爲高麗之扶餘城境後爲渤海之扶餘府扶仙二州	初爲高麗扶餘城後爲渤海扶餘府境
爲長白山	爲東京道之通州寶州湖州渤州祥州	爲上京道之長春州東南境東京道之龍州黃龍府益州威州勝州
爲海蘭路之西北會甯府之南境	爲隆州境	爲上京之隆州東京之泰州
爲開元路屬境	爲開元路屬境	初爲開元路治後爲開元路屬境
初爲建州農額勒赫什赫河等衛後爲窩集部之赫席赫路	初爲三萬衛後屬蒙古科爾沁部	初爲三萬衛後屬蒙古科爾沁部

伯都訥廳	賓州廳	五常廳
虞為息慎夏至周為肅慎亦曰稷慎	虞為息慎夏至周為肅慎亦曰稷慎	虞為息慎夏至周為肅慎亦曰稷慎
為夫餘	為挹婁	為挹婁
為夫餘	為挹婁	為挹婁
為勿吉	為勿吉	為勿吉
為伯咄靺鞨	為安車骨靺鞨	為安車骨靺鞨
初為伯咄靺鞨後為渤海扶餘府屬境	初為安車骨靺鞨後為渤海上京屬境	初為安車骨靺鞨後為渤海上京屬境
為東京之甯江州及達嚕噶部	為女眞部	為女眞部
為上京肇州	為上京會甯府	為上京會甯府境
為開元路境	為合蘭府境	為開元路境
初為三萬衛後為三岔河衛後屬烏拉部	為費克圖岳希阿實等衛	為摩琳衛

雙城廳	寧古塔
虞爲息慎夏至周爲肅慎亦曰稷慎	虞爲息慎夏至周爲肅慎亦曰稷慎
爲夫餘	爲挹婁
爲夫餘	爲挹婁
爲勿吉	爲勿吉
爲伯咄靺鞨	爲拂捏號室靺鞨
初爲伯咄靺鞨後爲渤海扶餘府屬境	初爲忽汗州後爲渤海上京龍泉府龍湖渤三州東平府之伊蒙沱三州率賓府之華州益州
爲東京甯江州屬境	初爲東丹國後爲博羅滿達勒部及亥直部南境
爲上京肇州屬境	初爲東京後爲會甯府南境海蘭路北境
爲開元路境	初爲南京萬戶府後爲合蘭府碩達勒達路之呼爾哈萬戶府南境
爲拉林河衛後爲烏拉部境	初爲訥兒干都司及雙城薩喇塞珠倫穆棱穆克圖哩山海蘭城阿布河珠倫河塔拉河們河穆呇運河格林河赫圖河舒蘭河尼滿河費雅河阿

穆爾河畢瞻呼錫哈哩佛訥赫呼勒山扎穆圖穆富阿山克音湖呼濟河拉拉山迪拉法勒圖河布拉薩爾布搜里舒爾哈布達興凱湖等衞及德勒沃赫索爾和綽河等所後為窩集部之佛訥和托克索窩古

三姓

虞爲息愼夏至周爲肅愼亦曰稷愼

爲挹婁

爲挹婁

爲勿吉東北爲豆莫婁

爲號室韃鞨東北爲黑水窟說莫曳皆虞婁越喜鐵利等靺鞨

初設渤利州及黑水府後爲渤海東平府之黑比二州

爲烏舍鐵驪五國伯哩等部

爲呼爾哈路

爲合蘭府碩達勒達路之屯萬戶府

塔穆棱等路呼爾哈部之那堪泰路初爲薩里屯河伊爾庫魯費森穆勒肯山特林山烏蘇哩河喜雅哩河克默勒奇集河綽拉題山猷特哩阿穆爾河福題希奇穆尼庫棱希禪畢埒哩河密密勒河哈勒

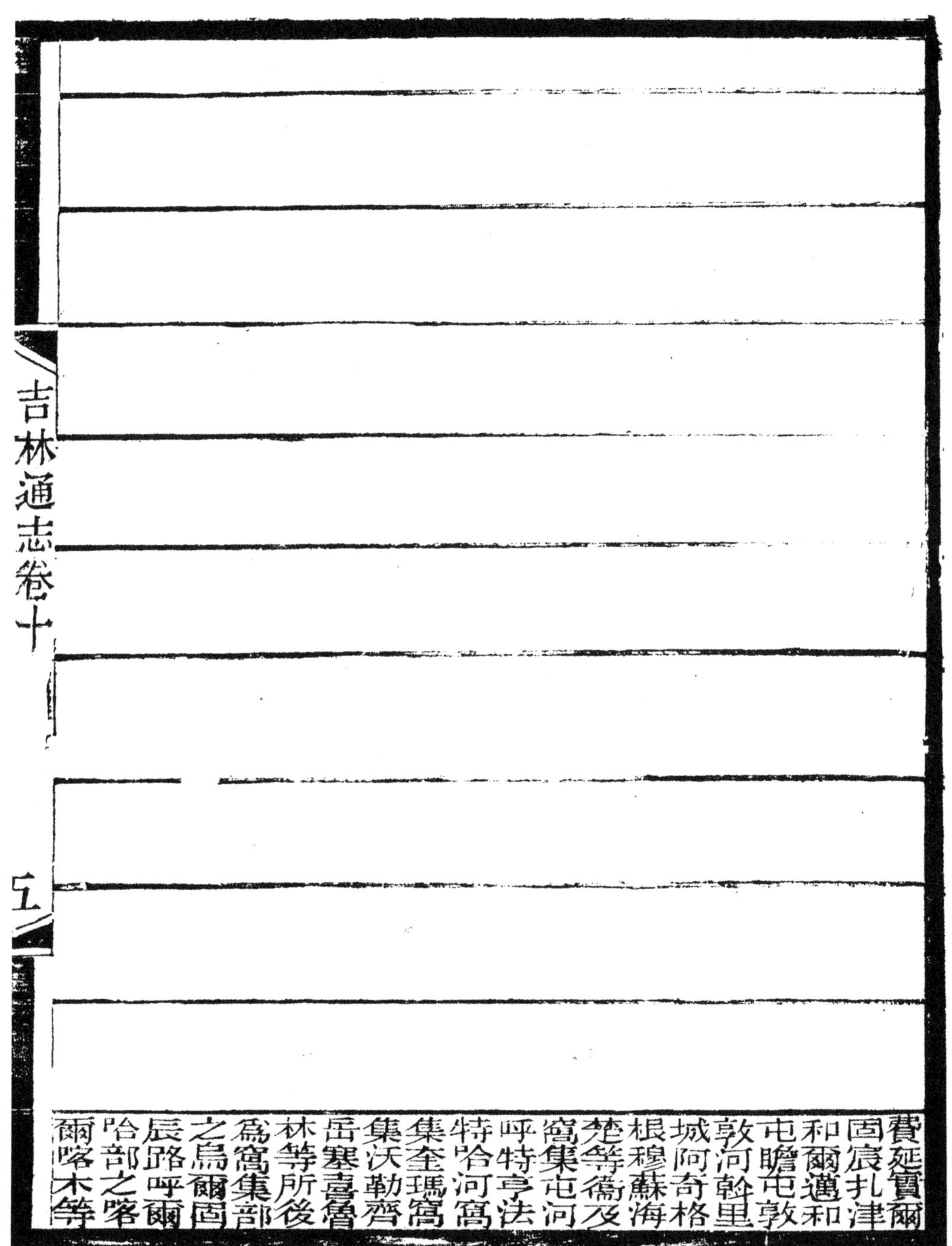

費延實爾固宸扎津和爾邁和屯瞻屯敦敦河斡里城阿奇格根穆蘇海楚等衞及窩集屯河呼特亨法特哈河窩集奎瑪窩集沃勒齊岳塞喜魯林等所後爲窩集部之烏爾固宸路呼爾哈部之喀爾喀木等

	琿春
	虞爲息慎夏至周爲肅慎亦曰稷慎
	爲北沃沮
	爲北沃沮
	爲勿吉
	爲拂揑靺鞨之南境白山部之東境
	初爲拂揑靺鞨之南境白山部之東境後爲渤海南京南海府沃晴椒三州東京龍原府慶鹽穆賀四州
	爲博羅滿達勒部
	爲率賓路海蘭路
	爲開元路屬境
十屯諾羅錫喇忻音達琿塔庫喇喇等路	初爲率賓江穆霞河庚吉音河烏爾琿山額哲密河通肯山阿布達哩河布爾噶圖河西林瑚葉吉朗吉愛丹哈膽等衛及喀爾岱所後爲窩集部之瑚葉綏芬雅蘭錫

琳等路瓦爾喀部之斐優城呼爾哈部之扎庫塔城庫爾喀部

吉林統部一以時代爲序其屬城及府廳州縣爲古某朝某地亦卽於每朝下分注之不更標目以省複重

虞爲息慎夏至周爲肅愼亦曰稷愼

史記五帝本紀至于荒服北山戎發息愼咸戴帝舜之功集解鄭元曰息愼或謂之肅愼東北夷索隱此文省略山戎下少一北字鄒氏劉氏曰息並音肅非也且夷狄之名古書不必皆同今讀如字

山海經海外西經肅愼之國在白民北

又大荒北經大荒之中有山名曰不咸有肅愼氏之國郭璞注今肅愼國去遼東三千餘里今名之爲挹婁國

書序成王既伐東夷肅愼來賀孔氏傳肅愼馬本作息愼云北夷也

逸周書王會解正北方稷慎大麈孔晁注稷慎肅慎也

左傳昭九年肅慎燕亳吾北土也杜注肅慎北夷在元菟北三千餘里正義韋昭曰肅慎東北夷之國去扶餘千里晉之元菟卽在遼東東北杜言元菟北三千里是北夷之近東者故杜言北夷韋言東北夷

謹案息慎稷慎肅慎郝氏懿行謂爲聲轉字通實一國也其名則自唐虞時已見中國下訖西漢都無異稱縣歷二千餘年傳世可謂最久後漢書挹婁傳乃有古肅慎之稱郭璞注山海經直云今呼之爲挹婁國似其易號特在漢晉之閒然其後晉元中興猶詣江左貢其石砮成帝時又嘗通使石

季龍宋孝武大明三年復獻其楛矢豈挹婁新國猶沿肅愼舊稱耶抑遺黎保聚自立一方如遼已滅渤海而後唐時猶屢有渤海入貢之類歟書缺有間未易定也其疆域則郭璞云去遼東三千餘里漢晉千里大抵得今里六百有餘晉遼東爲今遼陽州地以道里考之正當在今甯古塔杜預云在元菟北三千里元菟去遼東千里其北三千里則當在今三姓地韋昭云去扶餘千里與今由長春至甯古塔境道里亦復相符夫遼東元菟秦漢始有此稱而周景王曰肅愼燕亳吾之北土則是

遼東以北直至混同江南北之地在周以前固皆爲肅愼國境疆域至爲廣博滿洲源流考謂其國南包長白北抵弱水東極大海廣袤數千里不信然哉

西漢爲元菟郡地東漢及魏爲夫餘挹婁沃沮及高句驪北境

元菟郡今吉林府及伊通州地

漢書地理志下元菟郡武帝元封四年開屬幽州縣三高句驪原注遼山遼水所出西南至遼隊入大遼水又有南蘇水西北經塞外上殷台西蓋馬原注馬訾水西北入鹽難水西南至西安平入海過郡二行二千一百里

陳澧東塾集二長白山我

大清發祥之地在漢元菟郡境非塞外地也按漢志馬訾水今鴨綠江鹽難水今佟家江鴨綠江源出長白山是長白山乃漢西蓋馬縣境之山也漢志於近塞之水源出塞外者必著之如遼東郡望平大遼水出塞外番汗沛水出塞外是也馬訾水不云出塞外則水源在塞內即長白山在塞內明矣長白山綿亙數百里鴨綠江出其南麓其山北蓋漢上殷台縣地也元菟郡三縣惟上殷台無山水可考然排比鉤稽而知其當在西蓋馬之北高句驪之東其地爲長白山之北也何以明之按志所

云遼山今

興京英額門外長嶺也遼水今渾河也渾河與佟家江相去僅百餘里則漢高句驪西蓋馬二縣接界其間不得復容上殷台一縣也志所云南蘇水今赫爾蘇河也志言此水經塞外則漢高句驪縣之北即塞外上殷台不得在高句驪北境也志又云遼東郡望平大遼水出塞外南至安市入海遼陽大梁水西南至遼陽（當作遼隊）入遼按大遼水今潢河也在渾河西百餘里太梁水今太子河也在渾河南百餘里是漢高句驪縣西與望平縣接界南與遼陽縣接界皆遼東郡

境非元菟郡境上殷台又不得在高句驪之西境南境也太子河之源在佟家江西百餘里又志云遼東郡番汗沛水出塞外西南入海按沛水今朝鮮國大定江也在鴨綠江南百餘里是漢西蓋馬縣西與遼陽縣接界南與番汗縣接界亦皆遼東郡境非元菟郡境上殷台又不得在西蓋馬之西境南境也然則上殷台既不在高句驪西蓋馬二縣之間又不在高句驪之北之西之南又不在西蓋馬之西之南必在高句驪之東西蓋馬之東之北其地爲長白山之北無疑也漢上殷台縣或爲今吉林或爲今甯古塔但漢志不載水道故無以定之長白山

南爲漢西蓋馬縣北爲漢上殷台縣是

大清發祥之地乃漢西蓋馬上殷台二縣地也

謹按漢遼東郡全有今奉天一省之地固無地可

復容元菟一郡而郡所屬之西蓋馬縣爲馬訾水

所出馬訾水爲今鴨綠江已無疑義則西蓋馬縣

之決不在今海城蓋州境内亦更無疑義自明一

統志始以元菟强隸遼東後之修志者復誤蓋馬

爲蓋牟之音轉謂卽唐太宗所取之高麗蓋牟城

於是西蓋馬高句麗兩縣皆入遼東而於遼水南

蘇馬訾鹽難諸大水所出顯然明白之文皆不復

四

顧並馬訾水過郡二行二千一百里之文亦無處可通而上殷台一縣遂疑闕不可知雖精於地理如李氏兆洛者亦疑不能明也今以陳氏之說考之則西蓋馬上殷台兩縣爲今吉林府境並府境以外南際長白山之地高句驪縣爲今伊通州磨盤山境並兼有奉天海龍廳之地山川疆域固一一可稽也又按後漢書東夷傳沃沮在蓋馬大山之東蓋馬大山一統志源流考諸書皆未能實指所在考沃沮爲今琿春其地在長白山以東長白山今考爲西蓋馬縣境之山則蓋馬大山之卽長

白山夫固信而有徵矣此山一定則山西爲西蓋馬縣山東爲嶺東七縣皆按册可稽樂浪爲七縣統部居元菟之東以漢書次第知之而不在吉林之域以地望診之應爲今朝鮮咸鏡道地核以漢書魏志其行軍道里皆不甚相懸也

夫餘長春府伯都訥廳雙城廳地

後漢書東夷傳夫餘國在元菟北千里南與高句驪東與挹婁西與鮮卑接北有弱水地方二千里本濊地也

三國志東夷傳夫餘在長城之北本屬元菟漢末公

孫度雄張海東夫餘王尉仇台更屬遼東時句驪鮮卑彊夫餘介二虜之間

通典邊防一扶餘國後漢通焉初北夷索離國王有子曰東明長而善射王忌其猛而欲殺之東明奔走南渡掩淲水因至夫餘而王之原注按後漢魏二史皆云扶餘國在高句驪北又案後魏及隋史高句麗在扶餘國南而隋史云百濟出於扶餘扶餘出於高句驪國王子東明之後也又謂索離國即高麗國乃扶餘國當在高麗之南矣詳考諸家所出疑索離在扶餘之北別置一國

謹案夫餘四至以漢時地理考之元菟郡有蓋馬大山山即長白則元菟爲長白山以北地高句驪元菟屬縣縣有南蘇水爲今赫爾蘇河出奉天海

龍廳經伊通州北出塞是高句驪北境爲今伊通州地也夫餘在元菟北千里南與高句驪接則今伊通州以北爲夫餘國地無疑矣又考魏志注鮮卑東接遼水通典云鮮卑漢初竄遼東塞外遼水即今東遼河爲赫爾蘇河出塞之名而昌圖府境實古遼東塞外之地夫餘西接鮮卑則固在昌圖以東史云方二千里約略計之每方當得四五百里昌圖斗入伊通長春之間不及百里不足以盡夫餘之境則自南而北長春及伯都訥兩府廳爲夫餘故地無疑矣挹婁今之甯古塔也史言在夫

餘東北千餘里中間更無他國夫餘國境自西至東亦以數百里計之則自五常賓州以東爲挹婁地伯都訥雙城兩廳以西爲夫餘國地無疑矣舊說以奉天開原縣爲夫餘故國按之四至無一合者固不足置辨漢書注以掩淲水爲浿水若然則夫餘乃在高麗之南亦顯與史文不合竊疑索離既曰北夷無論爲索離槖離槖離櫜離皆史之要異文自夫餘以北別有一國通典之言爲得其實焉又高句驪王墓碑碑在奉天海龍廳有東夫餘北夫餘之稱東夫餘卽此夫餘北夫餘則應在北郭爾羅斯及

黑龍江地可見當時壤地甚大夫餘特總名而傳不載所由起史云高句驪出於夫餘高句驪之世數見其秘記者云不及九百年則自唐高宗時溯之高句驪蓋興於漢初夫餘其所出宜在秦漢間矣

挹婁今甯古塔東北一帶皆是

後漢書東夷傳挹婁古肅慎之國也在夫餘東北千餘里東濱大海南與北沃沮接不知其北所極

謹按史言挹婁古肅慎國肅慎在不咸山北不咸山即今長白山則挹婁國境自在甯古塔地無疑

自遼人設挹婁縣於瀋州北纂遼史者復不諳方位遽以瀋州（今奉天府）爲挹婁故地於是不得不以海耀等州（今奉天海城熊岳境）爲沃沮所謂差之毫釐謬以千里也東漢會要云漢興以後臣屬夫餘似其興也亦在秦時若王氏補注王會編以符婁爲卽挹婁亦未確也

沃沮（今琿春一帶）

後漢書東夷傳東沃沮在高句驪蓋馬大山之東（注蓋馬縣名屬元菟郡）東濱大海北與挹婁夫餘南與濊貊接其地東西夾南北長可折方千里武帝滅朝鮮以沃沮

地爲元菟郡後爲夷貊所侵徙郡於高句驪西北更以沃沮爲縣屬樂浪東部都尉至光武罷都尉官後皆以封其渠帥爲沃沮侯又有北沃沮方輿紀要東沃沮亦曰南沃沮一名置溝婁去南沃沮八百餘里其俗皆與南同界南接挹婁挹婁人喜乘船寇鈔北沃沮畏之

三國志三十東沃沮在高句驪蓋馬大山之東濱大海而居其地形東北狹西南長可千里漢初燕亡人衛滿王朝鮮時沃沮皆屬焉漢以土地廣遠在單單大領之東分治東部都尉治不耐城方輿紀要不耐城在朝鮮咸興府北別主領東七縣時沃沮亦皆爲縣光武六年省邊

郡都尉以縣中渠帥爲縣侯沃沮諸縣皆爲侯國北沃沮一名置溝婁去南沃沮八百餘里其俗南北皆同與挹婁接

謹按南北沃沮皆在單單大嶺原作領古字通以東單單大嶺今之長白山也滿洲源流考朔方備乘謂沃沮勿吉渥集烏稽爲音轉字通實皆一地則即吉黑兩省全境言之也曹廷杰三省圖說謂南沃沮在長白山南北沃沮在長白山北則即漢書魏志所云四至言之也核以今地則諸說皆通專考二史則曹說近實然則南沃沮固應在今高麗咸鏡

道北沃沮則爲今琿春全境矣惟是魏毋丘儉攻句驪王宫宫奔北沃沮儉追之過沃沮千里到肅愼氏南界後漢書挹婁傳亦云南與北沃沮接則挹婁之北不得更有沃沮肅愼挹婁異名同地而北沃沮傳乃云南接挹婁則又似出肅愼之北者接以當時四至理不可通考魏志無南字通典太平御覽太平寰宇記文獻通考引此文皆無南字則知宋以前所見范書尚不誤而今本爲誤衍南字無疑也范書本文不敢逕改今附其說如此以俟考地理者證焉儉傳云宫奔買溝沃沮傳云宫奔北沃沮然則買溝卽置溝婁

也字不同耳

高句驪今伊通州境

後漢書東夷傳高句驪本出於夫餘其國在遼東之東千里南與朝鮮濊貊東與沃沮北與夫餘接地方二千里多大山深谷武帝滅朝鮮以高句驪爲縣使屬元菟其人習戰鬬沃沮東濊皆屬焉

三國志東夷傳王莽時更名高句驪爲下句驪當此時爲侯國漢光武帝八年始見稱王殤安之間屬元菟靈帝建甯二年屬遼東嘉平中乞屬元菟

謹按漢之塞外與今柳條邊不甚相懸高句驪居

塞外而南接朝鮮北接夫餘朝鮮在今鴨綠江南夫餘爲今長春及昌圖境則奉天之通化海龍與吉林之伊通州皆高句驪舊地無疑

晉爲夫餘挹婁及高句驪北境

夫餘今伯都訥長春府境

晉書四夷傳夫餘在元菟北千里南接鮮卑按後漢書作西接鮮卑當係此誤國中有古濊城本濊貊之地也太康六年爲慕容廆所襲破其王依慮自殺子弟走保沃沮明年夫餘後王依羅還復舊國

山海經海內西經貊國在漢水東北地近於燕郭璞

注今扶餘國即濊貊故地在長城北去元菟千里

謹按扶餘疆域在晉時與後漢同漢桓時鮮卑檀石槐東卻夫餘晉書載記云慕容廆東伐夫餘皆與後漢書西接鮮卑之文相合故知此支南字爲誤無疑夫餘所居濊貊故地貊之建國乃在周時詩云其追其貊是也貊地近燕者燕之東境極於遼東遼東塞外即夫餘西境其追其貊所以繼燕師所完而詠也至其傳世莫得而考魏書高句驪傳言北至舊扶餘似其稱名至魏而止意者經慕容氏破滅之後雖旋即復國終於不振故魏書以

後遂不復見歟三國志東夷傳説扶餘與郭注同

是郭氏所本也

挹婁今甯古塔東北一帶

晉書東夷傳肅愼氏一名挹婁在不咸山北去夫餘可六十日行東濱大海西接寇漫汗國北極弱水其土界廣袤數千里居深山窮谷其路險阻車馬不通

謹按晉書不爲沃沮高句驪立傳故其疆域靡得而詳慕容皝載記略言慕容恪攻克高句驪南蘇事是其北境之可見者也惟挹婁一國所記與漢魏略同然云去夫餘可六十日行則非甯古塔三

姓所能盡蓋已舉三姓所屬海以外地而兼有之挹婁疆域之盛始見於此唐書以後乃更加詳耳

北魏以後爲勿吉豆莫婁

勿吉

魏書勿吉傳勿吉國在高句驪北舊肅慎國也去洛五千里自和龍北二百餘里有善玉山山北行十三日至祁黎山又北行七日至如洛瓌水水廣里餘又北行十五日至太魯水按和龍今承德府朝陽縣太魯水當爲今滔兒河又作拖羅皆音之轉唐書之宅漏遼金之他魯達魯聖宗所改撻魯河爲長春河皆是水也自西北來經扎賴特南界匯爲納蘭薩蘭池亦名日月池會嫩江入於松花江江即粟末水洛瓌當即老哈之轉音又東

北行十八日到其國國有大水濶三里餘名速末水國南有徒太山魏言太白其傍有大莫盧國覆鍾國莫多回國庫婁國素和國具弗伏國匹黎尒國拔大何國郁羽陵國庫伏眞國魯婁國羽眞侯國

北史勿吉傳勿吉國在高句驪北一曰靺鞨去洛陽五千里其部類凡有七種其一號粟末部其二伯咄部其三安車骨部其四拂涅部其五號室部其六黑水部其七白山部

粟末部今吉林府

伯咄部今伯都訥

安車骨部今阿勒楚喀五常廳境

拂涅部今甯古塔

號室部今甯古塔以東三姓以南地

黑水部今三姓東北及富克錦左右地

白山部今敦化縣及琿春西境

隋書靺鞨傳靺鞨在高麗之北凡有七種其一號粟末部與高麗相接其二曰伯咄部在粟末之北其三曰安車骨部在伯咄東北其四曰拂涅部在伯咄東其五曰號室部在拂涅東其六曰黑水部在安車骨西北其七曰白山部在粟末東南按北史所述者魏事而所采者隋書

故以隋書附此
唐書亦類及焉

新唐書北狄傳黑水靺鞨居肅愼地亦曰挹婁元魏時曰勿吉東瀕海西屬突厥南高麗北室韋離爲數十部酋各自治其著者曰粟末部居最南抵太白山亦曰徒太山與高麗接依粟末水以居水源於山西北注它漏河稍東北曰伯咄部又次曰安居骨部益東曰拂涅部居骨之西北曰黑水部粟末之東曰白山部部間遠者三四百里近二百里白山本臣高麗王師取平壤其衆多入唐伯咄安車骨皆奔散寖微無聞焉遺人迸入渤海唯黑水完彊分十六落以南

北稱蓋其居最北方者也

謹按勿吉疆界以南有徙太山一語斷之自當以白山爲限以自太魯水東北行十八日到其國斷之則自今洮兒河合嫩河入松花江之處渡江東北行約千餘里應在三姓富克錦之間以國有大水名速末斷之則松花江以東際海之地（唐書靺鞨傳東至於海）混同江以南抵長白山（會典以松花江會嫩江以下爲混同）皆其國境也七部之分以北史考之應在魏獻文帝延興以前證以今地松花江舊名粟末水則吉林烏拉一帶爲粟末舊部無疑粟末之北曰伯咄今

之伯都訥與金史之部渚濼皆伯咄之音轉唐書作汨咄轉寫之誤也則伯咄即伯都訥矣安車骨即按出虎也地在伯咄之東北應爲今賓州五常兩廳境今甯古塔城西南八十里古城俗呼東京城亦曰佛訥和城即明佛訥和衛地與拂涅音近又在伯咄東知爲甯古塔地信而有徵其北無别部則固兼有三姓矣號室部在拂涅東則甯古塔以東三姓富克錦以南皆應屬之白山部在粟末東南則

國初長白山二部及今之敦化縣琿春城皆其地也

黑水部應爲今黑龍江然安車骨西北僅就其西境言之其實黑水分部以南北爲斷則三姓以東混同江南北之地皆其部之所在即皆吉林地也七部所分吉林十得八九年代雖遥山川猶昔按其方位可考而知也

豆莫樓今三姓東北一帶

魏書豆莫婁傳豆莫婁國在勿吉國北千里去洛六千里舊北扶餘也在室韋之東東至於海方二千里

新唐書北狄傳達末婁自言北扶餘之裔高麗滅其國遺人度那河因居之或云他漏河東北流入黑水

謹按室韋爲今黑龍江地據會典圖黑龍江境東不至海則江省以東際海之地爲昔時三姓副都統所轄者固皆爲豆莫婁國境矣魏書勿吉傳作大莫盧唐書作達末婁音轉字通實一國也第是時那河已爲室韋之地不得又爲豆莫婁所居新書殆就那河入江之後言之而仍被以本名歟何秋濤謂魏收書於邊外山川形勢較各史最爲明晰則魏書所記固可據依矣

靺鞨

隋至唐開元以前爲靺鞨及高麗北境

隋書靺鞨傳靺鞨在高麗之北邑落各有酋長不相總一凡有七種已見北史卽古之肅愼氏也所居多依山水東夷中爲强國有徒太山者俗甚敬畏其國西北與契丹相接與隋懸隔唯粟末白山爲近

舊唐書北狄傳靺鞨蓋肅愼之地後魏謂之勿吉在京師東北六千餘里東至於海西接突厥南界高麗北鄰室韋其國凡爲數十部各有酋帥或附於高麗或臣於突厥而黑水靺鞨最處北方尤稱勁健每恃其勇恒爲鄰國之患

括地志靺鞨國古肅愼也在京東北萬里已下東及

北各抵大海其國南有白山史記夏本紀正義引

【又】靺鞨國古肅慎也亦曰挹婁在京東北八千四百里南去夫餘千五百里東及北各抵大海史記司馬相如列傳正義引

謹按靺鞨七部之疆域隋書所載與北史同金史云靺鞨本號勿吉古肅慎地也元魏時有七部隋稱靺鞨而七部並同唐初有黑水靺鞨粟末靺鞨其五部無聞今以唐書考之諸部奔散微弱咸在初唐之世蓋靺鞨全境西南入於粟末而東北併於黑水是靺鞨乃七部之總名黑水特七部之一

部其後先疆域本自不同舊書以靺鞨名篇敘次最爲井井新書誤以黑水之名冠於靺鞨之上遂使先後分合之迹了不可尋而傳後敘述黑水四至致疑重複徵舊書在幾不能明源流考不知其兩事而曲爲之說則新書之誤有以啟之也說詳後黑水靺鞨條下

高麗

舊唐書東夷傳高麗者出自扶餘之别種也東渡海至於新羅西北渡遼水至於營州南渡海至於百濟北至靺鞨東西三千一百里南北二千里其王高建

武貞觀五年築長城東北自扶餘城西南至海千有餘里

括地志朝鮮高驪貊東沃沮五國之地國東西千三百里南北二千里在京師東東至大海四百里西至營州界九百二十里南至新羅國六百里北至靺鞨國千四百里史記百十五正義引

資治通鑑二百一乾封二年高侃進至金山與高麗戰薛仁貴拔南蘇木底蒼巖三城

又總章元年薛仁貴既破高麗於金山遂拔扶餘城原注扶餘國之故墟故城存其名　扶餘川中四十餘城皆望風請服

新唐書東夷傳乾封三年二月勣率仁貴拔扶餘城宅城三十皆納款仁貴戰金山不勝高麗鼓而進仁貴橫擊大破之拔南蘇木底蒼巖三城引兵略地與勣會

謹按高麗疆域後漢時北接扶餘漢晉兩書皆有扶餘傳自後無聞則其見并當在晉之季世故魏書記高麗四至云北至舊扶餘以別之也隋唐時其地北至蘇鞨是已越扶餘而北直拓至今郭爾羅斯通典云至隋漸大不信然歟唐時從其西鄙進兵先攻扶餘南蘇夫餘今農安縣南蘇今伊通

州南蘇當因南蘇水得名説者以爲在今奉天金州州境蓋以金州在遼時曾設蘇州因是致誤

是當日用兵之道固歷歷可指也唯取兩城次第

通鑑新書所記先後互異仁貴取道本係自北而

南竊疑新書爲得其實今姑兩存其説以資博考

據通鑑事在總章元年而新書云乾封三年者蓋

是年三月始改元也

唐開元後爲渤海之上京中京南京扶餘府東平府率

賓府及黑水靺鞨地

舊唐書北狄傳渤海靺鞨大祚榮者本高麗别種也

高麗既滅祚榮率家屬徙居營州萬歲通天年契丹

李盡忠反叛祚榮與靺鞨乞四比羽各領亡命東奔保阻以自固盡忠既死則天命右玉鈐衞大將軍李楷固率兵討其餘黨先破斬乞四比羽又度天門嶺以迫祚榮祚榮合高麗靺鞨之衆以拒楷固王師大敗楷固脫身而還屬契丹及奚盡降突厥道路阻絕則天不能討祚榮遂率其衆東保桂婁之故地據東牟山築城以居之靺鞨之衆及高麗餘燼稍稍歸之聖歷中自立爲振國王其地在營州之東二千里南與新羅相接越憙靺鞨東北至黑水靺鞨地方二千里

新唐書北狄傳渤海本粟末靺鞨附高麗者姓大氏

高麗滅率衆保挹婁之東牟山地直營州東二千里南北新羅以泥河爲境東窮海西契丹築城郭以居高麗逋殘稍歸之萬歲通天中契丹盡忠殺營州都督趙翽反有舍利乞乞仲象者與靺鞨酋乞四比羽五代會要三十作大舍利乞乞仲象與靺鞨反及高人乞四比羽原注大姓舍利官乞乞仲象名也及高麗餘種東走渡遼水保太白山之東北阻奧婁河樹壁自固武后封乞四比羽爲許國公乞乞仲象爲震國公赦其罪比羽不受命后詔玉鈐衛大將軍李楷固中郎將索仇擊斬之是時仲象已死其子祚榮引殘痍遁去楷固窮躡度天門嶺祚榮因高麗靺鞨兵

拒楷固楷固敗還於是契丹附突厥王師道絶不克討祚榮即并比羽之衆恃荒遠乃建國自號震國王地方五千里盡得扶餘沃沮弁韓朝鮮海北諸國先天中遣使拜爲渤海郡王以所統爲呼汗州領忽汗州都督自是始云靺鞨號專稱渤海子武藝立斥大土宇東北諸夷畏臣之子欽茂立天寶中徙上京直舊國三百里忽汗河之東寶應元年詔以渤海爲國貞元時東南徙東京華璵爲王復還上京仁秀立頗能討伐海北諸部開大境宇有功爲海東盛國地有五京十五府六十二州

賈耽道里記營州東百八十里至燕郡城又經汝羅守捉渡遼水至安東都護府五百里府故漢襄平城也自都護府東北經古蓋牟新城又經渤海長嶺府千五百里至渤海王城城臨忽汗海其西南三十里古肅慎城其北經德里鎮至南黑水靺鞨千里（新唐書四十三引 源流考按此爲營州陸行至渤海之路）

又登州海口北行至鴨淥江口舟行百餘里乃小舫泝流東北三十里至泊汋口得渤海之境又泝流五百里至丸都縣城故高麗王都又東北泝流二百里至神州又陸行四百里至顯州天寶中王所都又正

北如東六百里至渤海王城新唐書四十三引源流考按此爲登州海行至渤海之路

滿洲源流考十渤海大祚榮所都在長白山東北大欽茂又東徙三百里直忽汗河之東今甯古塔呼爾哈河也呼爾哈河匯於甯古塔城西南一百里之畢爾騰湖湖廣五六里袤七十里許中有三山即所謂忽汗海也德林石在其北即德理鎮所在也又自發庫東繞甯古塔城旁古大城之南東北流與混同江合然則渤海上京及忽汗城實在甯古塔城旁矣

一統志按渤海所置五京十五府六十二州多在今

吉林烏拉甯古塔及朝鮮界其安東府所治遼東故
地雖入渤海建置無聞地理志賈耽所紀可考遼時
東京州縣多襲其名號非復故地遼史謂皆渤海之
舊其實未盡然也

謹按渤海王城卽上京龍泉府實維挹婁故壤今
爲甯古塔地舊唐書所謂在營州之東二千里者
是也大祚榮所居忽汗州卽長白山東北之奥婁
河境後呼爲舊國今爲敦化縣地新唐書所謂徙
上京值舊國三百里者是也舊書言大氏始徙營
州其地在今奉天錦州府北境以外說見後後乃東

弇保阻以自固史不言其所在以下文考之則固在天門嶺以西繼又越天門嶺東保挹婁桂婁即挹婁遂據東牟山挹婁爲甯古塔之地東牟即甯古塔之山明一統志謂東牟山在瀋陽衞東二十里誤說見後里至方隅顯然明白自新書敘次淩躐疑誤遂滋今爲一一辨之新書言大氏於高麗滅後即保挹婁繼言東渡遼水保太白山之奧婁河則是以遼水爲在挹婁之東矣繼言遁去度天門嶺則是謂天門嶺又在白山之東矣且既云遁去則是已去白山又云恃荒遠乃建國則其建國竟在何方繼又云以所統爲呼

汗州則又以忽汗河與奧婁河爲兩地矣惝恍迷離按之古今里至無一而合以當時事實求之渤海本徙營州東渡遼水度天門嶺始保太白山阻奧婁河舊書東奔保阻之文不言其地最有斟酌新書昧於地理遽指太白山以實之遂使上下方位皆不可通且遼水距太白山甚遠非一蹤可至故知窮躡度天門嶺爲在東渡遼水之後保太白山以前無疑後乃徙上京舊書無以所領爲忽汗州之文而以挹婁爲王城其於地理初無舛誤新書補舊書之闕而東西易位後先倒置遂使考地理者極費檢尋新書之誤在敘保據挹婁於東渡遼水之前若謂先定疆域而後敘事則萬歲通天之上亦應有追敘之筆推尋文義又實不爾直緣誤認安東都護府爲挹婁故地而不知

下文之不相蒙也遼史不考兩書之異同復不知新書之踳誤直以挹婁故地屬諸東京而明一統志因之其誤實皆新書啟之也考遼東京遼陽府唐爲安東都護府今爲奉天遼陽州地在遼水之東而下文乃云東渡遼水按之圖記實不可通明統志又云東牟山在瀋陽衞東二十里瀋陽衞即今奉天府則與遼陽州相去一百數十里於挹婁東牟相接成文之義亦理不相合沿訛襲謬無所取裁猶幸舊書西去營州二千里之文新書未經刋削據此辨方定位差有折衷新書地理志云營州柳城郡東有鎮

安軍本燕京守捉城貞元二年爲軍城西四百八十里有渝關守捉城又有汝羅懷遠巫閭襄平四守捉城考唐營州爲今承德府朝陽縣地（即三座塔距奉天錦州西北百里許據承德府志及蒙古游牧記若李兆洛謂在今永平府治顯與史文違異其說非是）東至甯古塔西南至臨榆縣境核以今之里至均屬相符則據舊書之文以正新書之失而遼史明志相承之誤胥有以定之矣蓋渤海雖五京並建而王都所在厥維上京其疆域所至史蓋即其建都最後之地而終言之不得執爲大祚榮始居忽汗州之四至也

又按唐書地理志云貞元宰相賈耽考方域道里之數最詳從邊州入四夷通譯於鴻臚者莫不畢紀其入四夷之路與關戍走集最要者七一曰營州入安東道二曰登州海行入高麗渤海道是滿洲源流考所本也

又按唐會要九十六靺鞨條云黑水界南與渤海國德里府接是相距不遠之徵今道里紀云北經德里鎮至南黑水靺鞨千里由今甯古塔北行千里則已在混同江外爲北黑水部地矣何處更容南部耶疑千里字有誤

上京龍泉府今甯古塔西

新唐書北狄傳肅愼故地爲上京龍泉府領龍湖渤三州

遼史本紀二天顯元年正月庚申拔扶餘城丙寅圍忽汗城諲譔率僚屬三百餘人出降改渤海國爲東丹忽汗城爲天福册皇太子貝爲人皇王以主之

謹按遼自破忽汗城獲諲譔遂改其地爲東丹而五代史宋史皆云取夫餘一城蓋因渤海復攻夫餘誤以爲未得上京耳考遼史圖欲傳云天顯元年從征渤海拔扶餘城上欲括户口倍即圖欲諫曰

今始得地而料民民必不安若乘破竹之勢徑造忽汗城克之必矣太祖從之是連取兩城之徵又考太祖本紀庚申扳扶餘城丙申已圍忽汗城七日之間馳驟千里當時軍行飄忽若此所謂乘破竹之勢也至忽汗城本渤海上京地特遼旋得旋失又以其名施於遼陽眩惑後人因而致誤考太宗本紀天顯三年太宗即位未改元人皇王在皇都詔遣耶律羽之遷東丹民以實東平即遼陽其民或亡入新羅女直又圖欲傳亦云太宗既立見疑以東平為南京徙倍居之盡遷其民則遼失忽汗應在此

時其忽汗之舊名施於遼陽之新邑亦應在此時後人不考以遼史所稱忽汗皆爲渤海中京又謂渤海中京顯德府爲卽遼之東京遼陽府一誤再誤其傎甚矣

龍州

遼史地理志一太祖破龍州盡徙富利縣人散居京南

又長霸縣本龍州長平縣民遷於此源流考按龍州所屬縣名僅見此二縣餘無考

謹按遼史地理志云龍州黃龍府本渤海扶餘府

黄龍縣本渤海長平縣併富利佐慕肅愼置考長平富利本屬渤海之龍州遼破龍州遷其民於通州之地而被以龍州之名與渤海龍州實非一地特此兩縣猶可藉遼史以考見其名其佐慕肅愼渤海舊屬某州史無明文則不可考矣

湖州

又湖州興利軍渤海置

謹按今甯古塔西九十里有鏡泊其南曰畢爾騰湖出鯽入貢唐書所稱湄沱湖之鯽即此湖州當以湖得名

渤州

〔又〕渤州清化軍渤海置貢珍縣亦渤海置

謹按天下之形勢視乎都會上京之地固東方一大都會也渤海據而有之故能拒新羅服黑水宅中圖大者二百數十年蓋勢據上游爲西鄙之藩籬東海之門戶渤海不自弱遼固不能取遼若善守金亦何由興哉然而金城湯池不得其人以守之猶之撮土勺水苟得其人無在不可自立是知長駕遠馭其責在人體國經野其要在險國初以甯古塔爲重鎮慮深遠矣

中京顯德府今吉林府南及伊通州東南境

新唐書北狄傳上京之南爲中京曰顯德府領盧顯鐵湯榮興六州

盧州

遼史地理志二盧州本渤海杉盧郡縣五山陽杉盧漢陽白巖霜巖在京東一百三十里

謹按遼史載盧鐵湯榮興五州至京里到以遼時言之其所謂京自係今之遼陽而盧爲今熊岳在遼陽東南與史言京東不合鐵爲今海城在遼陽南百二十里與史言西南六十里不合湯爲今蓋平在遼陽東南百八十里

與史言京西北不合興爲今鐵嶺南六十里在遼陽東北百八十里與史言西南不合考遼史僅開即渤海東京慶州盧渤海中京海渤海南京淥渤海西京四州所屬州縣載有至州里到而自盧鐵湯欒興五州外未有載至京里到者始悟此五州所載皆渤海時各州至四京里到非遼時各州至東京里到也修遼史者誤合爲一故多齟齬分別觀之斯瞭然矣

顯州

【賈耽道里記】自神州陸行四百里至顯州天寶中王所都新唐書四十三引〕滿洲源流考案顯州爲王都當爲顯德府附郭之州今攷於盧州之後疑

次有誤

謹按神州遼爲淥州在桓州東北二百里桓州高麗舊都在今奉天通溝口則神州當爲今奉天通化縣東境顯州距神州四百里當在今吉林府西南境三省圖說謂卽今那丹佛勒城然城基甚狹不足爲京唯蘇密城在吉林府西南二百八十餘里在那丹佛勒東一百餘里周七里餘內有子城方隅里到均屬相符此當是也且蘇密爲粟末之對音渤海本粟末之遺中京爲始興之地可無疑也

鐵州

遼史地理志二鐵州渤海置縣四位城河端蒼山龍
珍在京西南六十里
五代史記十七自幽州行十餘日過平州出榆關又
行七八日至錦州又行五六日過海北州至東丹王
墓又行十餘日渡遼水至渤海國鐵州又行七八日
過南海府
湯州
遼史地理志二湯州故縣五靈峯常豐白石均谷嘉
利在京西北一百五十里
謹按今吉林城西南二百五十餘里有温泉爲雙

陽河源東南距蘇密一百餘里以里到測之湯州

應在其地

榮州

又崇州故縣三崇山溈水緣城在京東北一百五十

里按崇州與湯興相間當即渤海之榮州

興州

又興州渤海置故縣三盛吉蒜山鐵山在京西南三

百里

謹按遼史地理志曰東京魏時爲高麗平壤城遼

東京本此唐於此置安東都護府又曰渤海忽汗

州即故平壤城也號中京顯德府太祖攻渤海拔其城以爲東丹王國又曰葺遼陽故城以渤海漢戶建東平郡遷東丹國民居之考唐安東都護府本在平壤上元三年徙遼東郡故城儀鳳中徙新城即今遼陽州治遼史據後徙之區猶指爲初置之所不知其相去已五百餘里其誤一忽汗州以河得名唐書所載甚確自當爲上京地乃指爲平壤城其誤二中京上京自是兩地乃以忽汗州爲顯德府合爲一區其誤三顯德府在上京之南自當在長白山北乃引而置之平壤之地何止謬以

千里其誤四據賈耽道里紀自鴨淥江口東北行千二百餘里乃至顯州正當在今吉林之南乃又推之遼水以西廣甯之東方隅不辨其誤五且州爲王都自當附府乃府在襄平而謂州在醫巫閭山蓋以遼之顯州爲渤海之顯州牽引附會不顧其安其誤六既認遼陽城爲東丹國又曰葺遼陽故城遷東丹國民實之然則東京本平壤忽汗州即平壤之云又作何解數行之中忽東忽西忽分忽合使人眩惑莫知適從其誤七遼志疏謬不可枚舉而於東京尤甚今據唐書傳志詳爲辨之特

是渤海縣名賴此猶存梗概故略加裁取分列各
條讀遼史者無以耶律僑置之名遂指爲大氏始
建之地則渤海疆域大半尚可推尋也

東京龍原府

新唐書北狄傳濊貊故地爲東京曰龍原府一曰栅
城府領慶鹽穆賀四州

又欽茂貞元時東南徙東京

又龍原東南瀕海日本道也

遼史地理志二慶州渤海東京龍原府故縣六龍原
永安烏山壁谷熊山白楊

又鹽州渤海龍河郡故縣四海陽接海格州龍河

又穆州渤海會農郡故縣四會農水歧順化美縣

又賀州渤海吉理郡故縣四洪賀送誠吉理石山

謹按渤海五京疆域惟新書可考而四京方位應

以上京爲衡上京城臨忽汗海爲今甯古塔無疑

則四京之地皆應自上京推之唐書云大欽茂東

南徙東京又云東南瀕海日本道也考渤海南京

南海府爲今琿春其地直上京之南其東爲率賓

府實今綏芬河於上京爲東南又其東少北今爲

烏蘇哩江發源之錫赫特山地在上京之東而稍

迤南東南兩面皆際海其南與日本南北相值按之新書之文無一不合竊疑渤海東京之地惟此足以當之遼史乃以爲高麗慶州之地則在吉林極西南鴨綠江外朝鮮咸興府境此大謬也夫曰瀕海則在海隅而非江外咸興府則鴨綠江外矣曰東南則不應置之西南鴨綠江則西南矣曰日本道則不能與朝鮮相值慶州則值朝鮮矣況鴨綠府本爲朝鮮道（新書鴨綠府朝貢道也貢字係鮮字之訛今從通典改正）不應咫尺之間頓置兩府而越國鄙遠取道亦何其迂且南海府爲新羅道新羅在朝鮮之東日本又

在新羅之東以三國次序按之三京方位一一符合則遼史之誤決然可知大抵渤海五京與遼之五京形勢約略相似遼上京臨潢府在北其南爲中京大定府又南爲南京析津府中京居南上兩京之中中京之東爲東京遼陽府中京之西爲西京大同府中京又居東西兩京之中大略如此南京與上京南北相値東京在上京東南自南京視之則爲東北中京在上京西南唐書言上京之南其實西南顧祖禹曰凡地理言南可與東通言北可與西通非若東與西南與北迴相反者今取其意自南京視之則爲西北中京之西爲西京中京蓋居四京之中則東京之在中京之東於上京爲東南以地望準之爲烏蘇哩江地無可疑者若

遼史以顯州今廣甯縣爲顯德府則於四京皆無所著
而中字之義尤不可通宜其晢於東京之方位也
慶鹽穆賀四州大抵皆海濱地而今不可考矣
南京南海府今琿春境
新唐書北狄傳沃沮故地爲南京曰南海府領沃晴
椒三州
又南海新羅道也
謹按唐時新羅在今朝鮮咸鏡江源兩道之間以
南海新羅道之文考之則南京當爲今咸鏡道北
界及琿春沿海之地遼史以海州南海軍爲卽渤

海之南京不知東西相去不止千里之謬也遼得
上京旋卽棄去當時兵力並未能更及南京觀天
顯以後渤海南京尚朝於唐則遼史之誤決可知
矣

沃州

遼史地理志二渤海南京南海府疊石爲城幅員九
里都督沃晴椒三州縣六沃沮鷲巖龍山濱海昇平

靈泉

謹按遼史以沃沮六縣爲南海府屬蓋沃州爲附
郭之州六縣爲沃州所屬之縣屬州卽屬府耳

晴州

[又]渤海晴州縣五天晴神陽蓮池狠山仙巖

椒州

[又]渤海椒州縣五椒山貂嶺澌泉尖山巖淵

巖淵縣東界新羅故平壤城在縣西南

謹按唐時新羅境當北抵今朝鮮境城左近古平壤在今朝鮮平安道以地望測之椒州當在長白

山南麓

扶餘府今長春府農安縣境

[新唐書北狄傳]扶餘故地爲扶餘府常屯勁兵捍契

丹領扶仙二州

又扶餘契丹道也

扶州

仙州

滿洲源流考十按夫餘府扶仙二州遼時皆廢扶州即因扶餘得名當爲附郭所屬縣名見於遼史屬龍州者八長平富利佐慕肅慎永甯豐水扶羅永平屬通州者七扶餘布多顯義鵲川強師新安漁谷共七原作六誤當即扶仙二州所隸第遼史既言改夫餘府爲龍州又言改龍州爲通州而所置諸縣或沿或併尚有其舊疑遼之龍州其地本廣因燕頗之

役遼史黃龍府保甯七年軍將燕頗叛府廢舊治已廢開泰中移黃龍府於東北又分置通州也黃龍府所屬長平等縣爲扶州屬邑通州所屬扶餘等縣卽爲仙州屬縣也

東平府今甯古塔三姓境

新唐書北狄傳挹湼故地爲東平府領伊蒙沱黑比五州

遼史地理志二挹湼國城渤海爲東平府太祖伐渤海先破東平府遷民實之故東平府都督伊蒙沱黑比五州共領縣十八

伊州

蒙州

又拂涅國置東平府領蒙州紫蒙縣後徙遼城並入黃嶺縣渤海復爲紫蒙縣

沱州

黑州

比州

謹按拂涅故地爲渤海上京東平府拂涅所置亦當距上京不遠以隋唐兩書所載地望準之甯古塔三姓以西五常廳賓州廳以東皆當爲拂涅國境則東平一府當不出甯姓之間遼史以爲遼州

始平單地則遠在奉天省城以西與隋唐書所云伯咄安車骨以東之文相去懸絕此必不然之事也遼志云遼以征伐俘戶建州襟要之地多因舊居名之故渤海州縣遷移其民於他所者十之五六今考志中稍爲分別者如曰某州本渤海民戶則爲遼所移曰某州渤海置則是仍渤海之舊然其考之未審者實不一而足如渤海五京在吉林者四其十五府在吉林者九遼史概以爲在今奉天地按之唐書所云無一而合故知其不足據也

率賓府 今甯古塔東南琿春及敦化縣境

新唐書北狄傳率賓故地爲率賓府領華益建三州

遼史地理志二東京率賓府刺史故率賓國地

華州

益州

謹按率賓府境當在今甯古塔東南滿洲源流考以爲鴨綠江一名益州江益州當與鴨綠相近不知益州江在今奉天鳳凰城東南在渤海爲西京鴨綠府與率賓固大相懸遠也遼史東京益州觀察屬黃龍府當係創立非渤海之舊

建州卽鄂多理城也

五代史記十七自遼陽東南行千二百里至建州滿洲源流考按建州之名置於渤海本在今吉林境至遼時一移於淩河之南再移於淩河之北金元相承而建州遂在今錦州邊矣

元一統志金上京之南曰建州海蘭河經故建州東南一千里入於海混同江北流經故建州五十里滙諸水東北流下達五國頭城考七引滿洲源流

明一統志八十九率賓河流經建州衛東南一千五百里入於海

曹廷杰曰唐書稱渤海大氏東渡遼水保太白山之東北阻鄂倫河樹壁自固查今鄂多哩城在牡

丹江源西岸牡丹江又名瑚爾哈即忽汗河也以地望準之與鄂倫河實爲一地然則鄂倫河者乃忽汗河之本名因先天中賜名忽汗州始有忽汗河之稱又以忽汗海爲衆水所歸故稱海以别之武義徙上京本拂涅國故地亦稱佛訥和城自鄂多哩城至東京城實三百里故曰直舊國三百里忽汗海之東也遍考此外距東京城三百里者别無城基可以當此故知爲鄂多哩城無疑也

謹按歐史晉家人傳明云自遼陽東南行千二百里至建州遼陽即今州治東南至今鄂多里城地

方隅里至均屬相符而胡三省通鑑注乃云在遼陽之西北蓋以遼時所置靈河以南之建州當之顯與史文違異今不取

涑州今打牲烏拉城

新唐書北狄傳涑州爲獨奏州以其近涑沫江蓋所謂粟末水也滿洲源流考按通考文與此同獨奏之義當猶今直隸州不轄於府而事得專達也

遼史地理志二涑州刺史渤海置

謹按高麗傳云大遼水出靺鞨西南山大遼今黑兒蘇河又賈耽道里記至泊汋口得渤海之境今奉天鳳凰廳界

可見渤海西境僅抵奉天其國土當全在吉林也

鐵利府

新唐書北狄傳鐵利故地爲鐵利府領廣汾蒲海義歸六州

謹按鐵利一府據唐書稱爲鐵利故地似更在拂涅東北契丹國志謂其國西南與蘇鞨接界是爲明徵第蘇鞨全疆當唐時久爲粟末黑水兩部分據自德里以北已爲黑水部地渤海不應以郡縣治之意者渤海強盛黑水皆役屬之當時建置遂能遠越混同江以北厥後渤海寖衰黑水復擅其

地府境又入黑水故其沿革無得而稽歟遼史鐵利州刺史謂是故鐵利國地然其所列廣州諸地皆在今奉天鐵嶺新民廳之間蓋亦取渤海之名而非實有其地考本紀自太宗天顯二年迄於天祚之世鐵驪頻年入貢則東京所屬其非故國益明遼史之不足據也信矣

又按渤海定理府爲今承德縣鄚頡府爲今昌圖府南境懷遠府爲今昌圖西北境安邊府爲今開原北境長嶺府爲今海龍廳境安遠府暨西京鴨綠府爲今寬甸懷仁通化境其地均在奉天故從

省

黑水靺鞨今三姓以東皆其境

舊唐書北狄傳白山部素附於高麗因收平壤之後部衆多入中國汨咄安居骨室等部亦因高麗破後奔散微弱後無聞焉縱有遺人並爲渤海編戶唯黑水部全盛分爲十六部部又以南北爲稱

新唐書北狄傳室建河東合那河忽汗河又東貫黑水靺鞨故靺鞨跨水有南北部

又黑水靺鞨居肅愼地亦曰挹婁元魏時曰勿吉直京師東北六千里離爲數十部酋各自治部間遠者

三四百里近二百里

新唐書地理志渤海王城北經德里鎮至南黑水靺鞨千里

唐會要黑水界南與渤海國德里府接源流考按渤海十五府具載唐書及通考無德里府之名據新唐書蓋鎮名也以地輿音考之今甯古塔城西九十里自鄂摩和湖東繞沙蘭站之南至呼爾哈河有大石廣二十餘里袤百餘里名德林沃赫俗呼黑石甸子里與林音實相近呼爾哈河即渤海舊都所在鎮名當取諸此

室韋南北約二千里東西約一千里渤海寖强黑水亦爲所屬

北至小海東至大海西至

舊唐書北狄傳其地南距渤海北東際於海西接室

韋南北袤二千里東西千里源流考按上文云西屬突厥北室韋而後又云西抵室韋考新唐書室韋傳室韋地據黃龍北東黑水靺鞨西突厥南契丹北瀕海則黑水部實西北皆隣室韋也黑水靺鞨最處北方尤稱勁健父子相承世爲君長

文獻通考四夷考武德五年渠長阿固郎始來太宗貞觀二年乃臣服所獻有常以其地爲燕州

唐會要貞觀十四年以黑水地爲黑水州

新唐書北狄傳開元十年其酋倪屬利稽來朝元宗即拜勃利州刺史

舊唐書北狄傳開元十三年安東都護薛泰請於黑

水靺鞨內置黑水軍續更以最大部落爲黑水府以其首領爲都督諸部刺史隸屬焉中國置長史就其部落監領之十六年其都督賜姓李氏名獻誠授雲麾將軍兼黑水經略使仍以幽州都督爲其押使

新唐書北狄傳黑水東北又有思慕部益北行十日得郡利部東北行十日得窟說部亦號屈說稍東南行十日得莫曳皆部又有拂涅虞婁越喜鐵利等部其地南距渤海北東際於海西接室韋南北袤二千里東西千里拂涅鐵利虞婁越時時通中國而郡利屈說莫曳皆不能自通

謹按靺鞨七部魏隋兩代疆域無殊其奔散微弱咸在初唐之世於時黑水勁強恒爲鄰境之患意其斥大土宇非復前規觀其初境僅在安車骨部西北一隅後乃南與渤海德里府接是其自西而東之明驗也唐書室韋傳云室建河東合那河忽汗河又東貫黑水靺鞨故靺鞨有南北部寰宇記云黑水部全盛分爲十六部落以南北爲稱地考室建河卽黑龍江其與松花江合流之處在今富克錦東北之黑河口那河卽嫩江忽汗河卽牡丹江唐書所云係指兩河下流之水而言第兩河既

入松江即不得復施故號是唐史之疏也然唐以前所謂粟末水者僅自長白山至今伯都訥而止以下則隨其所受而名之故其言如此謂前史誤以松花江爲黑龍江者非也要之名稱雖異疆里可稽據古驗今不難辨方定位耳史又稱室建水東貫黑水靺鞨故靺鞨跨水有南北部以地望診之南部在混同江南烏蘇里江左右之地爲甯古塔東境北部在江北費雅喀奇勒爾之地爲三姓東北境新書謂北東際海則東至東海濱北至索倫河皆黑水部落矣勃利州未詳所在通典云貞

觀二十年李靖破高麗於南蘇班師至頗利城渡白狼蒼嵓二水在奉天新民廳境去黑水絕遠疑非今富克錦東北境外有伯利地方音譯方隅皆合或當是也黑水州黑水府名惟遥設義等羈縻自統全疆初無專治若黑水西北有思慕部益北行得郡利部皆應在黑龍江外不屬吉林東北窟說部字與庫葉同音爲今庫頁島地毫無疑義稍東南行十日得莫曳皆部應爲今奇雅喀喇人等所居之地其拂涅虞婁越喜鐵利等部以黑水四至徵之皆應在吉林東北拂涅已見前虞婁越喜

無所考鐵利據契丹國志在臨潢正東北五千餘里西南與靺鞨國接亦應距庫葉不遠遼史以契丹僑置之名認爲初唐荒遠之國誤矣詳遼史條下別大抵魏之勿吉隋之靺鞨名稱雖易七部並同至唐初而五部無聞唯粟末黑水獨盛渤海條粟末別見以唐書考之靺鞨七部全境之地粟末并其西南黑水據其東北而黑水南北部之中又自分十六部其名之可知者八皆北部地也是靺鞨與黑水本自兩事唐書所云東至於海西接突厥南接高麗北鄰室韋是靺鞨之四至元魏隋唐之所同也新書

所云南距渤海北東際於海西抵室韋是黑水靺鞨之四至七部散微之後黑水之所獨也

又按渤海爲海東盛國自唐則天時迄於後唐歷二百餘年其地界南越長白得新羅今朝鮮咸鏡道高麗今朝鮮平安道及奉天懷仁通化海龍之境北至黑龍江東至烏蘇哩江因東平率賓以東未設府州知之幅員五千里建五京十五府官府制度燦然大備實開肅慎以來未有之業至遼太祖雖破忽汗改爲東丹不久而復失之按遼史自八皇王以後無復稱東丹者其得而復失雖無明文以遼史邊界考之僅至今松花江以西蓋自八皇王入唐地已非遼有矣所得而守者扶餘暨甯江州地耳

遼既未能全併渤海益齋集渤海爲丹兵所破其世子大光顯等領其餘衆數萬戸日夜倍道來奔太祖使奉其本國祖先之祀其所云蓋在初破忽汗時觀遼史聖宗二十一年渤海來貢可見渤海立國尚仍其舊也以所俘獲散置他處取渤海之名以名其地故以今奉天廣甯地爲顯德府以海城蓋平地爲南京後人不察多沿其誤非以唐書靺鞨傳地理志細覈其方隅里到其不爲遼史所誤者幾何哉

吉林通志卷十一

沿革志中

遼爲上京之東南東京之東北及女眞五國等部地

上京道長春州今農安縣北

遼史地理志二長春州韶陽軍下節度本鴨子河春獵之地興宗重熙八年置隸延慶宫兵事屬東北統軍司統縣一長春縣本混同江地

契丹國志二十二長春路鎮撫女眞室韋置黄龍府都部署司咸州兵馬詳穩司東北路都統軍司

北邊紀事長春州亦曰長春路去女眞最近邊人亦

謂之新泰州方輿紀要十八引

遼史營衛志中春巴納舊作納鉢滿洲語巴納地方也蓋指游獵之地而言曰鴨子河濼東西二十里南北三十里在長春州東北三十五里四面皆沙堝多榆柳杏林按遼史本紀載聖宗太平四年改鴨子河爲混同江塔魯河爲長春河然又屢以鴨子混同二水並稱據契丹國志則鴨子即塔魯河今洮爾河也國志又云太宗破晉改粟末河爲混同江史志傳訛未有確據

謹案滿洲源流考云遼上京臨潢府在今巴林阿嚕科爾沁札嚕特等地惟長春一州濱混同江今杜爾伯特札賚特皆州之北境則遼長春州當與今伯都訥相近又通鑑輯覽注長春州今郭爾羅

斯地考郭爾羅斯正與伯都訥相近叉光緒十五年以郭爾羅斯地爲農安縣故知遼長春州惟在今農安縣無疑也

東京道通州今長春府東北朱家城子境

遼史地理志二通州安遠軍節度本扶餘國王城渤海號扶餘城太祖改龍州聖宗更今名保甯七年以黄龍府叛人雅爾丕勒原作燕頗餘黨千餘戸置升節度統縣四通遠縣本渤海扶餘縣并布多縣置安遠縣本渤海顯義縣并鵲川縣置歸仁縣本渤海强師縣并新安縣置漁谷縣本渤海縣

賓州今農安縣東南瀕江處

又賓州懷化軍節度本渤海城統和十七年遷烏舍原作兀惹戶置刺史於鴨子混同二水之間後升兵事隷黄龍府都部署司

松漠紀聞翁舍展舊作嗢熱者國不知其始所居後爲契丹徙置黄龍府南百餘里曰賓州州近混同江即古之粟末河也部落雜處以其族之長爲千戶統之

謹按契丹國志引此文作混同江即古之粟末河黑水也多黑水二字蓋宋以前人皆以松花江北流者爲粟末水至伯都訥折而東流者爲黑龍江

合稱曰混同江據國志之文州當在伯都訥據遼史鴨子混同二水之間當在伯都訥北據松漠紀聞之文當在農安縣東南瀕江處準之地望紀聞爲確今從之

龍州黃龍府今長春府境

遼史地理志二龍州黃龍府本渤海扶餘府太祖平渤海還至此崩有黃龍見更名保寧七年軍將雅爾丕勒叛府廢開泰九年遷城於東北以宗州檀州漢戶一千復置統州五縣三黃龍縣本渤海長平縣併富利佐慕肅慎置遷民縣本渤海永寧縣併豐水扶

羅置永平縣渤海置

又本紀三 太祖所崩行宮在扶餘城西南兩河之間後建昇天殿於此而以扶餘爲黄龍府

謹按黄龍府本渤海扶餘府與通州爲渤海扶餘城者似屬一處但通州所屬有扶餘等縣乃扶餘府舊縣黄龍府所屬之富利長平乃渤海龍州舊縣以史文測之蓋太祖既破龍州遷其民於扶餘府東北境亦設龍州如南朝僑郡故通州先名龍州又改扶餘府爲黄龍府屬龍州故黄龍府冠以龍州也及遷黄龍府於東北乃初設龍州之地故

府所屬反係龍州舊縣而通州自保寧置於扶餘舊城故所屬皆扶餘舊縣也

元一統志賓州之西曰黃龍府卽石晉出帝初安置之地滿洲源流考十一引

遼史營衞志下烏延原作隗衍突厥部聖宗析四布沙原作闘沙四巴拜原作頗儻戶置以鎮東北女直之境屬黃龍府都部署司

又阿雅原作奧衍突厥部與烏延突厥同

北唐古部聖宗以唐古戶置屬黃龍府都部署司戍府南

益州今農安縣東

又地理志二益州觀察屬黄龍府統縣一靜遠縣

安遠州

又安遠州懷義軍刺史屬黄龍府

威州今農安縣西南

又威州武甯軍刺史屬黄龍府

清州

又清州建甯軍屬黄龍府

雍州

又雍州刺史屬黄龍府

湖州

又湖州興利軍刺史渤海置兵事隸東京統軍司統

縣一長慶縣

渤州

又渤州清化軍刺史渤海置兵事隸東京統軍司統

縣一貢珍縣渤海置

謹按湖渤二州渤海所置在今甯古塔境遼未得

其地蓋用其舊名置於黃龍府境故志文與龍州

相次其兵事則屬東京當在今長春府之西北

涑州今打牲烏拉

又涑州刺史渤海置兵事隸南女直兵馬司

率賓府今伊通州境

又率賓府刺史故率賓國地

謹按遼境僅及松花左右率賓在甯古塔東南已入渤海女眞境非羈縻即僑置耳源流考云遼率賓在涑州定理之間近之

勝州今農安縣西南

又勝州昌永軍刺史

張棣金圖經威州至小寺鋪五十里小寺至勝州五十里

雲麓漫鈔信州彰聖館七十里至勝州來德館

謹按滿洲源流考史不載沿革當爲幐戸所置按此州與黄龍府相次以宋人行程錄證之當係勝州之譌

甯江州今伯都訥城東南石頭城子

遼史地理志二甯江州混同軍觀察清甯中置初防禦後升兵事屬東北統軍司統縣一混同縣通鑑輯覽注甯江故城在今吉林烏喇北混同江東

謹按金之破遼首得甯江今得勝陀碑正在石頭城北是爲此州確證

祥州今長春府東北

又祥州瑞聖軍節度興宗以鐵驪戶置兵事屬黃龍府都部署司統縣一懷德縣

元一統志廢祥州在賓州西南

謹按遼時於東北邊既設都統軍司又設黃龍府都部署司又以所屬部族如圖魯卜室韋納喇諾觀等部星羅碁布築城堡運糧草撥兵甲蓋深知女直之雄鷙所以防範者周且備矣乃傳梃一呼鐵騎頓起一戰而甯江失再戰而黃龍失不二三年而咸祥五十餘城相繼並失豈始謀之不善也

女眞秣馬厲兵蓄志已非一日遼顧狃於積習泄沓相仍夫法貴因時以制宜積久無不獘也識時務者爲俊傑庸人罔不敗也契丹國志言遼國舊制凡關軍國大事漢人不預天祚自兩敗之後始思更張乃所用又不得其人五箇翁翁庸虜才耳天下大計屬於此曹豈有不敗者哉

遼史營衛志下遼國外十部其三曰回跋即輝發部其九其十曰長白山部蒲盧毛朶部右不能成國附庸於遼時叛時服各有職貢猶唐人之有羈縻州也

輝發舊作回跋部又作回霸部今伊通州東南

大金國志二十六[百]咸州東北分界入山谷至涑沫江按涑沫即混同而志並稱中間所居之女真隸咸蓋誤混同爲黑龍江也州兵馬司謂之輝發按咸州在今咸遠英莪門之間東北至松花江約六七百里今有輝發河

長白山部今吉林府東南

博羅滿達勒舊作蒲盧毛朶部今琿春境

謹按遼史博羅滿達勒部內多有烏舍民當與烏舍相近博羅滿達勒界有海蘭河又進船工則此部應在今琿春以西長白山北海蘭河許

遼史兵衛志下遼屬國可紀者五十有九朝貢無常

有事則遣使徵兵或下詔專征不從者討之助軍衆寡各從其便無常額鐵驪靺鞨兀惹北女直輝發原回跋女直皆不輕用之所以長世遼史

女眞部今阿勒楚喀甯古塔境

契丹國志二十六女眞世居混同江之東山其地乃肅愼故區也地方數千里戸口萬餘無大君長立首領分主部落地饒山林契丹於長春路置東北統軍司黃龍府置兵馬都部署司咸州置詳袞舊作詳穩司分隷之

又二十二東北至生女眞國西南至熟女眞國界東

至新羅國東北不知其極屢爲邊患契丹亦設防備
南北二千餘里南界西南至東京六百里
北盟彙編二女眞古肅愼國也本名珠里眞番語訛
爲女眞或以爲黑水靺鞨之種而渤海之别族有七
十二部落無大君長極遠而近東海者謂之東海女
眞多黃髮鬢皆黃目睛綠者謂之黃頭女眞
文獻通考四裔考女眞蓋古肅愼氏世居混同江之
東長白山下鴨綠水之源南隣高麗北接室韋西界
渤海鐵甸東瀕海後漢謂之挹婁元魏謂之勿吉隋
唐謂之靺鞨姓拏氏隋開皇時曾入貢其族分六部

有黑水部即今女眞其水掬之則色微黑目爲混同江即松花江下流與黑龍江合流唐貞觀中靺鞨來朝太宗問其風俗因言及女眞之事自是中國始聞其名契丹目之曰慮眞五代時始稱女眞後避契丹主宗眞諱更爲女直俗訛爲女質阿保機吞北方三十六蕃此其一也阿保機慮其爲患誘遷豪右數千家於遼陽而著籍焉分其勢使不得與本國相通謂之合蘇館合蘇館者熟女眞也又曰黃頭女眞自咸州東北分界入谷口至涑沫江中間所居者以隸咸州兵馬司與其國往來無禁謂之回霸回霸者非熟女眞亦非生女

眞也自涑沫江之北甯江之東地方千餘里戸十餘萬無大君長亦無國名自推豪俠爲酋渠小者千戸大者數千戸則謂之生女眞僻處契丹東北隅

謹按黑水阻山負海風氣樸實其人勇敢善戰得之則興蓋所謂起事之地也女直來自高麗據爲已有即使遼思患預防尚恐不足以制乃舉關河天險棄之若遺豈非謀之不臧以至此乎

烏舍舊作烏惹部今三姓境

契丹國志二十二又東北至屋惹國阿里瑪舊作阿里眉國布庫哩舊作破骨魯國等國每國各一萬餘戸西南至

生女眞界西南至上京四千餘里

鐵驪國今三姓東北

契丹國志二十二正東北至鐵離國南至阿里眉等國界西南至上京五千餘里

遼金紀事海東青出於女眞東北鐵甸等五國

陷虜記距契丹東至於海有鐵甸其族野居皮帳五代史記引

蘇鞨部今寧古塔東境

契丹國志二十二又東北至蘇鞨國東北至鐵離國爲界西南至上京五千餘里

謹按靺鞨當卽渤海之遺蓋自忽汗破後不復成國避處東偏仍其靺鞨舊號由是而女眞强矣

五國部今三姓富克錦境

遼史地理志二五國部聖宗時來附命居本土以鎭東北境屬黃龍府都部署司

北盟彙編三五國之東接大海出海東青女眞每發甲兵千餘人入五國界卽東海巢穴取之與五國戰鬬而後得

明一統志八十一五國頭城在三萬衛北一千里自此而東分爲五國舊傳宋徽宗葬於此

博和哩國舊作剖阿里

博諾國舊作盆奴里又作蒲奴里史又改作富珠里

鄂羅木國舊作奥里米

伊哷圖國舊作越里篤

伊哷濟國舊作越里吉史改作鐵驪又改作伊勒希

文獻通考四裔四女眞外有五國曰鐵勒曰噴訥曰玩突曰怕忽曰咬里没皆與接境自天聖没後屬契丹不復入貢文獻通考

謹按魏源云三姓城在甯古塔東北五國城在焉卽肅愼故墟然史云自頭城以東分爲五國則非

一地可知且其名亦不一除博和哩五部外又有威烏爾古穆延部至伊哷濟又作鐵驪然考之遼營衛志屬國表威烏爾古鐵驪通鑑輯覽又以爲奚部族號自是別部不在五國部內也其地據朔方備乘圖在混同江北烏蘇里江入混同江之西北云

伯哩舊作婆離又作頗里部今烏蘇里江入混同江東岸

謹按唐以倪屬利稽爲勃利州刺史以方隅音譯考之當即遼之伯哩

達嚕噶舊作達魯虢金史作達魯古通鑑輯覽作達羅克部今伯都訥

遼史營衛志下珠展原作朮哲達嚕噶部聖宗以達嚕噶

戶置隸北府節度使屬東北路統軍司戍境内居境外

謹按金史太祖復達嚕噶部邑爾袞曰與汝鄰境又率兵趨達嚕噶城次甯江州西以地勢測之當爲今伯都訥境

定安國

謹按文獻通考宋開寶三年定安國遣史上表言本高麗舊壤渤海遺黎考高麗舊壤以唐時言之自今朝鮮之西偏及奉天遼河以東其北境直至松花江左右但至宋時鴨綠松花兩江以西均爲

遼之郡縣（大遼事跡東京至鴨綠西北峯爲界）長白山北爲三十部女眞境吉林以北爲涑州甯江州境此定安一國當在今吉林西南磨盤山許

完顏部

謹按金史世紀一有特克新特布（原作泰神忒保）水完顏部舍音（原作神隱）水完顏部列傳（六十五）有音德爾（原作雅達蘭）水完顏部（六十七）有瑪奇嶺赫伯村完顏部（七十一）有扎蘭路完顏部埒克傳云完顏部十二則金始祖所居蓋海古勒完顏部其舍音水爲今三音訥殷地扎蘭元作耶懶蓋卽今琿春以東入海之雅

蘭河所謂耶懶率賓相去千里與今綏芬河里到正自相符也

富察原作蒲察部

謹按金埒克傳富察部之黨七部爲一世紀有富察部又有鄂敏原作斡敏水富察部按盛京通志額爾敏河其北爲富察之野額爾敏河卽鄂敏水則富察部應在今伊通州境又考實嘉努傳富察部人世居阿勒楚喀水則富察又當在今賓州廳地蓋亦如完顏部之比所居非一地也

博都哩原作不朮魯部

謹按金世紀和諾克之變博都哩部富察部助之
其地當與富察部近

費摩原作裴滿部

謹按金世紀和諾克來攻過費摩部列傳六十五有
摩多圖原作波多吐水費摩部其部與富察隣摩多圖
音與索多庫近當在今五常廳境

瓜爾佳原作加古部

謹按金世紀有瓜爾佳部列傳六十五又有和倫原作
胡論水瓜爾佳部和倫卽今霍倫川在五常廳境

珠嘉部

珠格部

謹按金史六十五德濟呼遜皆珠嘉部貝勒雙寬主保皆珠格部人烏春傳涉和掄拉林水舍於珠格部阿觀哈村以地望診之二部當在今五常廳境

烏蘇展原作烏薩扎部

謹按列傳六十五拉林水烏蘇展部當在今五常雙城廳境

烏淩阿原作烏林荅部

謹按金世紀鄰部海蘭水烏淩阿部人尚拒阻不

服此海蘭當是甯古塔西境之海蘭也

温都部

謹按金烏春傳阿卜薩原作阿跋斯水温都部人又自稱呼爾哈與女直豈可爲親又稱拉林水以南布克坦水以北皆吾土也其地當在甯古塔西境

烏雅部

謹按金列傳六十五和掄瓜爾佳部察遜原作水蟬春烏雅部畏烏春强請出兵其間以爲重烏春傳二部與烏春近

温特赫原作温迪痕部

謹按金世紀有圖們水温特赫部又德克德傳和倫水温特赫部人其地一當在琿春界一在五常界

齊達勒原作直擱里部

沃稜兀原作勒部

謹按金博勒和傳齊達勒部嘗寇扎蘭路博勒和討之至阿里瑪河又沃稜部掠二十五寨復討之渡索歡河至特通額水至德里城考阿里瑪河當卽阿穆蘭河德里城當卽德林石地此二部應在三姓甯古塔間

鴻觀原作部
舍國

威準原作部
斡隹

哲爾德原作部
職德

謹按金威泰傳蘇伯水諸部不聽命使威泰至呼爾哈川召諸部惟鴻觀部不至威準部亦皆遯去遇烏塔於瑪奇嶺又通恩傳威準部侵及赫舍哩部伊喇行至蘇伯水遂攻烏庫哩部蓋此三部當在琿春敦化之交

赫舍哩原作紇部
石烈

謹按金世紀有錫馨原作水赫舍哩部屯原作水
星顯陶温

圖嚕庫原作徒籠古水赫舍哩部列傳六十七有哈勒琿原作活刺渾水赫舍哩部阿爾本特克新水赫舍哩部其地當在長白山北

烏庫哩原作烏古論部

謹按金世紀云圖們琿春之交烏庫哩部與蘇伯水烏庫哩蓋二部也埒克傳烏庫哩之黨十四部爲一

烏遜部

烏塔部

謹按金埒克傳烏庫哩部人間誘烏遜烏塔兩部

爲亂蓋烏庫哩之黨也

達魯特部

圖吉原作突鞠部

謹按金本紀三烏庫哩達魯特兩部來降實古納傳烏庫哩部人迪里華沙率部人降以華沙知達魯特部事達勒達知圖吉部事蓋二部亦烏庫哩之黨也

圖克坦部

謹按金埒克傳圖克坦部之黨十四部爲一阿蘇傳錫馨水赫舍哩部人嘗與圖克坦部人爭長其部

當與錫馨水近

托卜古論原作土部骨論

謹按金世紀自白山頁赫圖們托卜古論之屬以至五國之長皆聽命又東南至於伊勒呼海蘭扎蘭托卜古倫考圖們有烏庫哩温特赫二部伊勒呼有布薩部海蘭有烏淩阿部扎蘭有完顏部獨托卜古論僅見蓋東南小部也

布薩部

謹按金史高麗傳伊勒呼嶺布薩部居高麗女直之間

沃呼原作斡勒部

謹按金罕都傳沃呼部人博諾居按春水之北

尼瑪哈原作泥龎古部

謹按金世紀太祖伐尼瑪部刷水穆哩罕村刷水今蘇瓦延地也

矩威原作燭隈水部

謹按金世紀令矩威圖塔兩水之民阻絕鷹路又稱東北至於五國矩威圖塔布古德傳與綽哈招降矩威水部又往拜格河籍軍馬矩威水部殺綽哈後斡魯伐之於希爾根河追及於哈達拉山

布古德（原作鼈故德）部

謹按金世紀穆宗嘗使布古德部致言於遼蓋亦鄰部又本紀綽哈撫定成默（原作讒謀）水女直拜格（原作鼈古）酋長似拜格即布古德又布古德傳綽哈往拜格河矩威水部殺之其部當與矩威水近

納哈塔部

謹按金罕都傳貝赫部納哈塔部安扎與入爭部族官遂來歸貝赫即今葉赫在遼時當屬萃賓路及通州境蓋熟女眞也

伊勒敦部

謹按金紀大定十七年咸平府路一千六百餘戶自陳皆長白山錫馨珊沁河女眞遼時僉爲獵戶移居於此號伊勒敦部其地當在今伊通州境

阿克占原作阿典部

謹按金世紀哈里叛入於係案女眞阿克占部

錫默部

謹按金赫木頗傳珠卜奇原作术吉水錫默部人

謹按金史紀傳尚有烏琿部薩里罕部烏古德埒勒部以地望測之均已入於黑龍江省又有伊蘭路斡琿路集賽路安圖路珊沁路錫馨路二額納

斯琿路二恩楚路博齊赫布騰路伊騰路伊罕路

伊克路尼瑪蘭路葢皆當時部族之散處者

謹按吉林在遼時設郡縣者南自伊通北抵雙城堡僅西鄙耳涑州即今吉林府境然金破遼時只咸平甯江賓州扶餘而涑州無聞葢已入於女眞女眞及各部族甚夥遼史未著今據金史録其可考者

金爲上京海蘭率賓呼爾哈等路及咸平路泰州境

上京路

金史地理志上上京路卽海古勒之地金之舊土也

國言金曰愛新以按春水源於此舊作按出虎故名金源
國號蓋取諸此國初稱爲內地天眷元年號上京海
陵遷都於燕削上京之號止稱會甯府大定十三年
復爲上京其山有長白青嶺瑪奇嶺舊作馬紀溫都爾原作
完都魯水有阿勒楚喀混同拉林松阿哩鴨子河府一
領節鎮四防禦一刺郡一三字據廿二史考異增縣六鎮二舊
有會平州天會二年築契丹之珠敦舊作周特城也後廢
其宮室有乾元殿慶元宮朝殿涼殿行宮有天開殿
約羅春水之地有混同江行宮興聖宮永祚宮光興
宮有皇武殿有雲錦亭有臨漪亭

契丹國志三十三女眞世居長白山之東南鄰高麗北接室韋西界渤海東瀕海國初城郭散居呼曰皇帝寨國相寨太子莊後升曰會甯府建爲上京城邑宮室無異中原州縣廨宇制度草創

謹按上京之稱不一其地有渤海之上京有遼之上京有金之上京宋元人記載往往誤認岳珂桯史記趙良嗣使女眞隨軍攻遼上京其文甚明乃云上京今虜會甯也此誤以遼上京爲金上京也元一統志云金滅遼設都於渤海上京此又誤以渤海上京爲金上京也元一統志之文見於明一

統志所引扈從東巡日錄甯古塔紀略皆承其誤而後之修志者因之此皆失之不考柳邊紀略既知以古行程測度乃謂在塞齊窩集左右

盛京通志取之且謂塞齊窩集嶺上有故城阯相傳爲金時關門今張廣才嶺卽塞齊窩集綿亘數百里嶺上絕無城基則其說尤不足據考洪皓松漠紀聞自上京一百五十里至拉林河又百十里渡混同江此自東而西道里也許亢宗奉使行程錄過混同江百二十五里至拉林河百七十里至北庭張棣金圖經自混同江至來流河百里又百五十

里至上京此自西而東道里也雖里數少有參差而大較相去不遠與今日自拉林河至阿勒楚喀之白城道里皆合是白城爲金上京確無疑義若甯古塔之距拉林則相去五六百里矣

會甯府今阿勒楚喀

金史地理志上會甯府下初爲會甯州太宗以建都升爲府天眷元年置上京留守司以留守帶本府尹兼本路兵馬都總管後置上京海蘭等路提刑司東至呼爾哈原作胡里改路六百三十里西至肇州五百五十里北至扶餘路七百里東南至率賓路原作恤品一千

六百里至海蘭路一千八百里縣三會甯縣倚與府同時置有長白山青嶺瑪奇嶺巴延原作勃野淀綠野淀有按春河又書作阿朮滸有混同江拉林河有得勝陀國言額特赫格們原作忽土皚葛蠻太祖誓師之地也曲江縣初名鎮東大定七年置十二年更今名宜春縣大定七年置有鴨子河

謹按會甯為上京所治金史記其方隅里到所載獨詳其云東至呼爾哈則今三姓地也西至肇州則今伯都訥地也東南至率賓路則今綏芬河地海蘭路則今大小海蘭河地也由各處至阿勒楚

喀核以今之里到無不相符是上京會甯府之在
阿勒楚喀境毫無疑義而元統志乃云金滅遼即
渤海上京建邦設都渤海上京爲今甯古塔地核
其四至不特里到全非即方隅亦無一相合顧或
謂天眷以前嘗以甯古塔爲上京後乃遷於海古
舊地則考之金史世紀全無其文元一統志今不
可見見於明一統志所引者訛誤相仍不可枚舉
此條亦不無誤謬不必曲爲之說也府之北境至
扶餘路蓋今黑龍江地而其直南則史無明文考
禮志爲希尹立廟於上京那爾琿莊那爾琿今在

吉林南三百里許則上京南境亦千里而遥矣幅員亦廣矣哉惟隸府三縣會甯爲倚郭其曲江宜春兩縣今不可考李氏兆洛謂曲江在甯古塔境理或有之謂宜春在開原東北則兩縣相去一千四百里而遥恐萬無此理且開原之地自屬咸平亦非上京境域所能到其誤不待辨也

肇州今伯都訥地

金史地理志上肇州下防禦使舊珠赫店舊作出河店也

天會八年以太祖兵勝遼肇基王迹於此遂建爲州天眷元年置防禦使隸會甯府海陵時嘗爲濟州支

郡承安三年復以爲太祖神武隆興之地升爲節鎮軍名武興五年置漕運司以提舉兼州事後廢軍貞祐三年復升爲武興軍節鎮置招討司以使兼州事縣一始興縣倚與州同時置有鴨子河黑龍江

元一統志上京之北曰肇州治始興縣金皇統三年置滿洲源流考十三引置州年號與金史異按

謹按元一統志謂上京之北曰肇州則應在混同江北岸爲黑龍江呼蘭廳地與史所云上京西至肇州五百五十里之文顯然違異不足據依考本紀遼都統蕭嘉里將步騎十萬會於鴨子河北太

祖自將擊之及河遼兵方壞陵道遣壯士擊走之遂登岸與敵遇於出河店出河店亦名珠赫店今遜扎堡站東北十餘里珠赫城俗呼朱家城子金之肇州也則是太祖所渡爲伯都訥以南之松花江正在阿勒楚喀西五百里許與史文合知肇州不得在上京北也又紇石烈德傳云鴨子河去州五里是距混同江不遠之徵若一統志云伯都訥城東南阿勒楚喀河西岸拉林河之東有肇州遺阯則方隅里到無一合者蒙古游牧記取之其誤甚矣

隆州今長春府農安縣

金史地理志上隆州下利涉軍節度使古扶餘之地遼太祖時有黃龍見遂名黃龍府天眷三年改爲濟州以太祖來攻城時大軍徑涉不假舟楫之祥也置利涉軍天德二年置上京路都轉運司四年改爲濟州路轉運司大定二十九年嫌與山東路濟州同更今名貞祐初升爲隆安府亦作龍安見富察伊喇傳縣一利涉縣倚與州同時置有混同江拉林河鎮一與縣同時置有混同館

謹按渤海扶餘遼爲黃龍府金天眷中改爲濟州

大定中更爲隆州貞祐初升隆安府此歷代沿革之迹也考松漠紀聞過混同江七十里至北易州五十里至濟州東鋪二十里至濟州此自北而南道里也資治通鑑注云隆州北至混同江一百三十里此自南而北道里也雖小有同異而無大差殊覈以今日由遜扎堡茹渡混同江至農安縣里到一一符合知隆州之即農安毫無疑義顧或謂在開元縣境柳邊紀略謂在石頭河雙陽河之間蒙古游牧記謂在昌圖府西北赫爾蘇河北岸皆涉影響不足據依又全遼志言龍安城在一禿河

西岸一禿卽伊通同聲字册說城周七里門四旁有塔亦名農安今農安縣治正在伊通河西二里城基與塔皆與册符卽農安龍安皆隆安轉寫之訛實非有兩地也史言隆州有納爾琿河河爲伯都納舊名在金爲肇州嘗爲濟州支郡故以屬之是亦肇州爲伯都訥之一證若禮志別有上京納爾琿河與此自係兩地乃或合而一之非也又按史所云更今名者更濟州爲隆州也貞祐爲宣宗紀年自屬下讀高士奇乃云大定三年更名貞祐則其誤甚矣

海蘭路今琿春境

又海蘭路置總管府貞元元年改總管爲尹仍兼本路兵馬都總管承安三年設兵司副總管有伊勒呼水西北至上京一千八百里東南至高麗界五百里

謹按滿洲源流考云海蘭河不一與高麗相近有安巴海蘭必喇阿濟格海蘭必喇在甯古塔城南四百一十里按今爲琿春境合流入佈爾哈圖河以達噶哈哩河今呼十三道嘎雅河又甯古塔城西北二百里有海蘭窩集綿互數百里別有海蘭河出焉東流入呼爾哈河則元時海蘭路碩達勒達路明時海蘭衛

所在與金時海蘭路之南近高麗者似非一處則自海蘭窩集延袤至大小海蘭河其皆金時海蘭路境今案源流考謂金元海蘭路不在一處是也謂海蘭窩集亦為金時海蘭路境非也此自確然兩地不容牽混考史云海蘭路東南至高麗五百里考今由琿春界內之大小海蘭河南行渡徒門江至高麗之咸境道里數正同是今海蘭河地之為金海蘭路實確鑿可據金史高麗傳所謂曷懶路以南者也曷懶即海蘭也世紀及高麗傳皆云高麗出兵海蘭甸築九城康宗伐之高麗復請罷

九城之戍皆在今海蘭河許而或以今鳳凰城南之九連城當之實爲附會康宗時未嘗用兵於遼金之壤地未能極於西南之境也至收國元年太祖已克黃龍府命撒喝攻保州乃至鴨綠江以西耳故知此九城自屬海蘭路也元海蘭路爲今甯古塔以北地别見後條

率賓路今琿春境甯古塔東南

又率賓路節度使遼時爲率賓府置刺史本率賓故地太宗天會二年以札蘭原作耶懶又作阿懶路都貝勒所居地瘠遂遷於此以海陵例罷萬戶置節度使因名率

賓路節度使世宗大定十一年以札蘭率賓相去千里旣居率賓然不可忘本遂命名親管明安曰札蘭明安承安三年設節度副使西北至上京一千五百七十里東北至呼爾哈一千一百里西南至海蘭一千二百里北至邊界斡罕阿林舊作斡可阿憐千戸二千里恤品河流經建州東南一千五百里入於海金八置恤品路以此爲名明一統志八十九

謹按金之率賓路渤海之率賓府今之綏芬河也以金史所云四至診之由今綏芬西北至阿勒楚喀東北至三姓西南至海蘭方隅里到一一皆符

率賓又作蘇濱又作速平亦作速頻又作恤品明一統志金人置恤品路以河爲名與今之綏芬音譯亦無一不合知率賓之爲綏芬確無疑義三省圖說謂府路故基在今雙城子地方又考史志言札蘭率賓相去千里札蘭原作耶懶又作阿懶今綏芬河以東千里許入海之水有雅蘭河耶阿與雅皆同聲字知金之札蘭卽今雅蘭河地與史志相去千里之云正合亦可以證此說之不誣至海蘭本在率賓路西南史有明文源流考乃謂在率賓路東南則誤之甚矣

呼爾哈路今三姓

又呼爾哈路國初置萬戶海陵例罷萬戶乃改置節度使承安三年置節度副使西至上京六百三十里北至邊界哈喇巴圖舊作合里賓忒千戶一千五百里

又金之封疆東極濟喇敏原作吉里迭烏達噶原作兀的改之境

謹按呼爾哈路蓋以河得名今瑚爾哈河自甯古塔下至入混同江處凡六百餘里而路之治所定屬三姓者以西至上京六百三十里之文覈以今由三姓至阿勒楚喀之道方向里數一一相符故也路之北境極於哈喇巴圖千戶凡一千五百里

以地望診之應爲今混同江以北盡索倫河處咸豐以前固皆屬於三姓無與於黑龍江也史又言金之封疆東極於濟喇敏此即契丹國志之阿里眉國明之乞例迷今爲濟勒彌亦曰彌勒彌分居於三姓東北混同江海口兩岸昔時亦轄於三姓副都統金之呼爾哈路以東更不設官則東境所極亦應統於呼爾哈路如今三姓之比特史無明文耳然其東境極於東海濱則固信而有徵也

咸平路治在今開元縣境其所屬歸仁玉山二縣今伊通州境

[又]歸仁縣遼舊隸通州安遠軍本渤海彊師縣遼更

名金因之北有細河

又玉山縣章宗承安三年以穆蘇（舊作馬速）集平郭林河之間相去六百餘里之地置貞祐二年四月升爲節鎮軍曰鎮安

謹按金史咸平路領府一曰咸平據方輿紀要咸平城在鐵嶺東北滿洲源流考謂在英額威遠二門之間二說雖異要皆在今開原東府屬縣八惟歸仁玉山二縣屬吉林伊通州境考全遼志開原北第三站曰歸仁站即故縣也諗其地望應在今威遠堡門外二百里左右玉山縣據史文以穆蘇

集平郭林河之間相去六百里之地置考穆書河
在伊通河之東自呼蘭哈達北流入松花江自開
原至其地亦尙不出六百里之內則兩縣之地應
屬吉林無疑又金史列傳咸平有梅赫河雅哈河
此二河舊皆屬吉林今爲奉天海龍廳地則咸平
一路其東直抵輝發與上京西南接界矣

泰州今農安縣西北

又泰州德昌郡節度使遼時本契丹二十部族牧地
海陵正隆間置德昌郡隸上京大定二十五年罷之
承安二年復置於長春縣以舊泰州爲金安縣隸焉

北至邊四百里南至懿州八百里東至肇州三百五十里城一堡十九

又長春縣遼長春州韶陽軍天德二年降爲縣隸肇州承安三年來屬有達嚕噶河鴨子河必喇布里不別

泉

謹按泰州今爲科爾沁左翼前旗及郭爾羅斯前旗地所屬長春縣爲今吉林農安縣西北境方輿紀要所謂邊人呼爲新泰州者是也東北去今伯都訥城實不足三百五十里史志所云殆據舊泰州言之耳

元爲開元咸平合蘭府碩達勒達等路及肇州地

開元路

「元史地理志」二開元路古肅慎之地隋唐曰黑水靺鞨唐以其地爲燕州置黑水府東瀕海南界高麗西北與契丹接壤卽金鼻祖之部落也太祖阿古達旣滅遼卽上京設都海陵遷都於燕改爲會甯府金末其將布希萬努原作蒲鮮萬奴據遼東元初癸巳歲出師伐之生擒萬努師至開元率賓東土悉平開元之名始見於此乙未歲立開元南京二萬戶府治黃龍府至元四年更遼東路總管府二十三年改爲開元路領

三

咸平府後割咸平爲散府俱隸遼東道宣慰司續通志曰

元史志開元路卽金會甯府又云開元萬戸治黃龍府考遼黃龍府金改爲隆州非會甯也開元西北曰會甯府西曰黃龍府是會甯黃龍與開元相近而非卽開元也又滿洲源流考曰開元本金上京境內地元兵至此遂定其地而故上京一帶俱已殘毀因改建開元路非開元卽上京也其初寄治黃龍府後徙於今開原縣地明初因以設衛亦非今開原縣卽黃龍府也按較此二說元史之得失俱見矣

元一統志開元路南鎮長白之山北浸鯨州之海三京故國五國故城亦東北一都會也滿洲源流考十三引

謹按開元路據元史地志所言蓋全有今吉林之地據元統志三京五國云云則由長白山至黑龍江凡東北濱海之地蓋皆隸於開元惟自元初立

開元萬戸府治黄龍府是移治於今農安城卽已非金上京之舊至元四年改遼東路總管府二十三年改爲開元路治咸平府則再徙於今開元縣地又非元初治黄龍府之舊明初因其地設開原衛始改元爲原所轄之地視元初時廣狹迥殊考古者每以今之開原視元之開元則失之遠矣

咸平府

元史地理志二遼平渤海以其地多險隘建城以居流民號咸州金升咸平府領縣六兵亂皆廢元初因之隸開元路後復割出隸遼東宣慰司

元一統志遼河從咸平府界流經瀋陽西北達廣甯路境按遼河即赫爾蘇河出奉天圍場經赫爾蘇邊門入昌圖境與西遼河合南流入奉天開原界

謹按元咸平府治蓋因遼金之舊其疆域亦復相同遼時自咸州東北分界入山谷至粟末江中間所居之女眞隸咸州兵馬司與其國往來無禁謂之輝發而金咸平府境有入輝發河之梅赫河又有雅哈河入赫爾蘇河而元時赫爾蘇河亦自咸平府界流入瀋陽界諸水皆在今伊通州境金咸平府屬之玉山縣在穆書集平郭林河之間穆書爲今伊通州境東北之河而元咸平府初隸開元

路開元路初治黃龍府爲今農安縣地去穆書河不遠亦應爲咸平府境之所及其東南則行程錄云自咸州北行東望大山曰新羅山深處與高麗接界而元咸平路東南斜抵鴨綠江亦接高麗據元高麗人李齊賢益齋集契丹金山王子等爲亂元將哈眞討之時賊在咸州與我比境雞犬相聞等語知之是疆域無大差殊之徵也

海蘭路

元史地理志二海蘭路碩達勒達舊作水達達等路土地廣闊人民散居元初設軍民萬戶府五撫鎮北邊一曰屯一曰呼爾哈一曰烏圖里一曰托果琳一曰布

苦江各有司存分領混同江南北之地其居民皆碩達勒達女直人各仍舊俗無市井城郭逐水草爲居以射獵爲業故設官牧民隨俗而治有海蘭府碩達勒達等各相統攝焉

續通志一百八合蘭府碩達勒達等路金扶餘海蘭率瓆和囉噶等路及肇隆信三州地也

屯舊作桃温萬戸府今甯古塔東北七百里距上都四千舊訛四十據滿洲源流考改正里

呼爾哈萬戸府距上都四千二百里大都三千八百里有呼爾哈江並混同江又有海蘭河流入於海按元

時所設呼爾哈路當仍金舊地其轄境有海蘭河蓋甯古塔西北之海蘭河也

烏圖哩舊作斡朶憐源流考作鄂多哩萬戸府

托果琳舊作脫斡憐萬戸府

布固江舊作孛苦源流考作布呼萬戸府

謹按元海蘭府與金海蘭路異地金海蘭路在長白山南有大小海蘭河入噶哈哩河以達圖們江故金志云東南至高麗界五百里也元海蘭府路治所應在呼爾哈路之海蘭河但海蘭河係入呼爾哈河以達混同江史云流入於海則非也元統志云自南京而南曰海蘭府又南曰雙城直抵於

高麗之王京藪其疆域似是金之海蘭率賓兩路在元爲開元路境非元之海蘭路所及也且元自乙未歲立南京萬戸府及至元四年更遼東路此後無南京之名不應統志尙仍舊號觀肇州條下上京之北曰肇州之文按之元時名稱方位均不相合其爲襲用渤海遼金之舊號無可疑者據此而謂金元兩朝海蘭路同在一地豈有當乎至其所屬軍民萬戸府五今雖半無可稽以史文分領混同江南北之地一語斷之知皆當距混同江不遠屯爲桃温二字之切音今混同江北發源屯窩

集之屯河應即其地呼爾哈路以距大都里數覈之當仍金舊無疑烏圖里疑當爲烏蘇哩江或謂爲鄂多里城其地距混同江千里而遥且已轄於開元與海蘭府亦似違不相涉通志謂烏蘇哩江之巨川幾爲從古無名之水因以和羅噶路當之考和羅噶即胡里改也既譯改作爲呼爾哈定爲牡丹江又易寫爲和羅噶以當烏蘇里金止有一胡里改路固不應如是之遷就而屢易其名也若烏圖里烏蘇哩音譯既符且近在混同江南與史所云方隅亦合是仍夾漈鄭氏以山川定疆域之

義也布固原作孛苦以音求之應爲黑龍江之魁

其托果琳則無可考矣

肇州

元史地理志二至元三十年以納延故地曰阿巴拉呼者產魚以伊斯琿哈喇納蘇奇爾濟蘇三部人居之名其城曰肇州元史

元史成宗紀一元貞元年立肇州屯田萬戸府以遼陽行省左丞阿撒領其事

又兵志三肇州屯萬戸府元貞元年以納延布拉噶齊原作乃顏不魯古赤及打魚碩達勒達等戸於肇蒙古語捕貂人也

州旁近地開耕

謹按元史云元統志經世大典皆不載此州故附注廣甯府下考百官志有肇州等處女直千戶所又史大德二年撥夫餘路今黑龍江境蠻軍三百戶屬肇州可見地與黑龍江鄰又山居新語元楊瑀孫子耕友流奴兒干今甯古塔以東孫送至肇州可見與甯古塔近又陳韶孫傳父流肇州韶孫與俱往道過遼陽平章塔出留之曰邊地苦寒是亦決不在廣甯之徼以打魚捕貂言之今廣甯東北無打魚捕貂處當爲吉林無疑

又按元時疆域寬廣甲於歷代以今東三省之大僅設一遼陽省以吉林之大僅設開元合蘭兩路伊通州境僅咸平之東偏可謂疎節闊目毫無經畫者矣蓋其得之也易而用事者又多邑目人狃於行帳舊風不復以設治安民爲事迨明而衞所設盈二百過與不及適相等耳

吉林通志卷十二

沿革志下

明初爲努兒干都司地領衛一百八十四所二十

明一統志八十九女直東瀕海西接烏良哈南鄰朝鮮北至努兒干北海自混同江至京師三千五百里至南京四千六百里自開原迤北因其部族建置都司一衛一百八十四所二十官其酋長爲都督都指揮指揮千百戸鎮撫等職給與印信俾仍舊俗各統其屬以時朝貢

明史兵志二羈縻衛所洪武永樂間邊外歸附者官

其長爲都督都指揮指揮千百户鎮撫等官賜以敕書印記設都司衛所

都司一努兒干都司

明實錄永樂二年置七年改爲都司

柳邊紀略甯古塔明努兒干都司地

又在東北者曰女直原注女直種三海西者爲海西女直建州毛憐者爲建州女直極東者爲野人女直置都司一曰努兒干置衛三百八十一所二十四按明史云置衛三百八十四當以史爲正

謹按努兒干之地始見於元元史地理志云海東青由海外飛來至努兒干陶宗儀輟耕錄云高麗

以北名別失八里十八原作別譯言連五城也罪人之流努兒干者必經此其地極寒海自八月即冰明年四五月方解元史譯文證補云回語五爲別失城爲八里輟耕錄之說不謬據此則高麗以北爲別失八里別失八里以北始爲努兒干據明宣德八年敕建永甯寺記則努兒干之地實在混同江海口居三姓之東北而三姓地寒多冰又相傳爲金五國城舊地與輟耕錄所言別失八里風土名號大略相符而柳邊紀略謂甯古塔爲努兒干都司地者蓋甯古塔是其治所努兒干則其總稱亦

猶乾隆二十二年以前吉林將軍駐防吉林猶稱甯古塔將軍之比耳既不得以吉林爲甯古塔則亦不得以甯古塔爲努兒干矣明初建都司於此實得控制之宜惜其後不能及遠自失形便此與三衞之棄同爲失計而已

衞三百八十四

薩里衞　永樂三年置以巴蘭等處部人茂義等爲指揮僉事舊訛撒力又正統以後置一訛撒里又一訛散力又一訛散里今從滿洲源流考改後皆同　案吉林有巴蘭河巴蘭屯又有薩里屯則此衞蓋吉林地也

塔山衞　永樂四年置以部長達拉齊爲指揮　案布爾德庫山上有塔山皆葉赫國地明時又嘗

以衛都督授哈達部主蓋哈達盛時葉赫
嘗屬之耳塔山衛按之當係葉赫之塔山

額伊瑚衛　永樂四年置以部長多羅爲指揮舊訛兀
也吾　盛京通志作額音楚　案自吉林
至甯古塔路程八十里至額
赫穆站九十里至額伊瑚站

達喜穆魯衛　永樂四年置部長祝孔額授達喜穆魯
衛都督僉事　案衛在明時爲葉赫國
地即所謂北關也舊訛塔魯木考葉赫相近惟達喜
穆魯南爲占尼河北爲葉赫傳聞不審誤倒其音耳

蘇完河衛　永樂四年置舊訛蘇温　案國初有蘇
完部戊子年來歸其地即吉林城西一百
八十里之蘇瓦延河斡延即完字之
合音源流考以爲無此河名非也

巴延衛　永樂四年置舊訛卜顔　案今吉林有巴延
阿林巴延必喇巴延鄂謨巴延站地名不一
明時衛地未詳何屬
要之爲吉林府地也

烏拉衛　永樂四年烏拉等處部人奇爾雞紐爾等來
朝置烏拉伊爾庫魯托摩斐森四衛十年又

置一並訛兀蘭又正統後置一訛兀剌　案烏拉城在吉林城北七十里混同江東　國初癸丑年平之

穆陳衛永樂四年置以部人照齊布哈等爲指揮舊訛密陳　案地在吉林城東南三百十里

布爾堪衛永樂四年與穆陳衛同置舊訛卜剌罕案布爾堪河在吉林城南四百七十里

哈達衛永樂四年置舊訛罕答　案哈達河在吉林城西南　國初有哈達國已亥年滅之

伊罕河衛永樂四年置舊訛亦罕　案河在吉林城東北二十五里

瑪延山衛永樂四年置舊訛馬英　案瑪延達巴罕在吉林城南一百餘里

齊努溫河衛永樂五年正月置齊努溫等十二衛以部人圖成阿等爲指揮等官舊訛喜樂溫是年十二月又置一訛喜剌烏正統間又置一訛城討溫今併改　案河在吉林城西南五十里出庫勒訥窩集入溫德亨河

伊努山衛永樂五年置舊訛亦文　案山在吉林城東南一百七十里

阿濟衛永樂五年置舊訛阿資案吉林地名有阿濟莊

訥穆河衛永樂五年置又正統後置一訛訥木案訥穆窩集在吉林城東八十里城東南諸河多發源於此

佛爾們河衛永樂五年置舊訛甫門又正統後置一亦訛甫門案河在吉林城南四十五里出庫哷訥窩集

伊拉齊河衛永樂五年置舊訛亦里察正統後又置二訛亦力察案河在吉林城西九十里其地有伊拉齊山

呼蘭山衛永樂五年置舊訛忽蘭案山在葉赫城東北吉林城西南四百餘里爲伊通州境又吉林城西北一百四十里別有呼蘭山

阿魯河衛永樂五年置舊訛阿里案河在吉林城西南五百餘里

推屯河衛 永樂六年置以部人伯辰等爲指揮舊訛禿都 案河在吉林城東二百三十五里有推屯站自吉林至甯古塔第三站也

雅哈河衛 永樂六年置舊訛嘔罕 案河在吉林城西三百二十里爲伊通州境

烏爾堅山衛 永樂六年置舊訛烏里溪八年以部人薩音嘉爲指揮徙居安樂州 案烏爾堅山在吉林城西南五百餘里爲伊通州境

伊實衛 永樂六年置又十五年置一並訛益實又正統後置二並訛亦失 案伊實河在吉林城東一百四十里西流入混同江

恰庫衛 永樂六年置又正統後置一均訛乞忽 案恰庫河在吉林城南六百五十餘里東流入混同江

羅羅衛 永樂六年置舊訛剌魯 案羅羅山在吉林城西北一百二十里

奇塔穆河衛永樂六年置舊訛乞塔案河在打牲烏拉境入混同江

赫通額河衛永樂七年置舊訛和屯吉案河在吉林東南敦化縣境亦作和通吉又作和克通吉又作和通集活同几其實一也

農額勒衛永樂十年置舊訛囊哈兒案吉林東南五百八十里今敦化縣境有農額勒海蘭河明人蓋摘以名衛也

穆勤衛永樂十年置舊訛滿注案穆勤河在吉林城南四百餘里與輝發河覺哈河相近

噶哈衛永樂十二年置舊訛可河是年又置一以部人廣祐等為指揮又訛葛可正統後又置一訛海河案噶哈河在吉林城北巴顏鄂佛羅站南有噶哈山

塔克題音衛永樂十年置舊訛塔亭案河在吉林東北遨達里勒河旁有塔克題音屯

哈爾賚延衛永樂十二年置舊訛哈爾芬又正統後置一訛哈里芬案混同江中有哈爾

費延島島上有城周二里名哈延費延城在吉林府界内

尼馬瑚山衛永樂十四年置舊訛亦馬忽　案山在吉林城西南五百餘里

伊屯河衛永樂十五年置舊訛亦東又正統後置一訛亦屯又訛易屯　案河在吉林城西二百九十里北流入混同江伊屯門即在河西今爲伊通州境

伊爾們河衛永樂十五年與伊屯河同置舊訛亦迷　案明一統志亦迷河在開元城北北流合一禿河入松花江亦迷即伊爾們一禿即伊屯之説也今伊爾們河在吉林城西一百四十里會伊通河入混同江

勒克山衛正統後置舊訛立山　案山在今伊通州北百餘里周一百里

薩喇衛正統後置舊訛撒剌　案即薩龍河也俗呼岔路河在吉林城西百餘里

法河衛正統後置舊訛南河　案河一在吉林城南六百六十餘里入混同江一在吉林南四百

餘里入輝發河

雅奇山衛正統後置舊訛咬里案山在吉林城南五百餘里

烏蘇衛正統後置舊訛兀失案烏蘇城國初屬葉赫國今為伊通州地

鄂山衛正統後置舊訛兀山案山在吉林城北七十七里

赫什赫河衛正統後置舊訛黑黑案河在敦化縣境國初屬窩集部丁未年征取之

呼魯河衛正統後置舊訛兀魯案河在吉林城西南五百餘里入赫爾蘇河今為伊通州境

富爾哈河衛正統後置舊訛弗郎罕案吉林城北三十三里有富爾哈城

薩爾達衛嘉靖時置舊訛山答案山在打牲烏拉

庫呼訥河衛嘉靖時置舊訛弗魯訥案河在吉林城西南百餘里出庫呼訥窩集

康薩衛嘉靖時置舊訛行子案康薩嶺在吉林城西南扈倫嶺之東

勒富河衛 嘉靖時置舊訛勒伏　案河在吉林城西二百六十里入伊爾們河又吉林城西南五百餘里有勒富山此未詳何屬

阿林衛 嘉靖時置　案阿林滿洲語山也吉林境內以阿林爲地名者不一而足此未詳何屬

松阿哩衛 嘉靖時置舊訛速哈兒又訛竦和爾勝和兒　案松阿哩烏拉即松花江

札哈衛 嘉靖時置舊訛者哈　案河在吉林城南七百十五里

穆蘇衛 嘉靖時置舊訛馬失　案即穆書河也在伊通州境

屯齊山衛 嘉靖時置舊訛秃里赤　案屯齊哈達在吉林城西三十里

賽音衛 嘉靖時置　案吉林城南五百二十里有賽音訥音河入混同江當即其地

右皆在吉林府境

三岔河衛 永樂六年置舊訛撒义　案伯都訥西北有三岔河原文撒义應即此

右伯都訥廳境

肥河衛永樂四年置以圖河錫勒們山等處人爲指揮　案圖河在甯古塔北穆陳河之西錫勒們山在阿勒楚喀城西二百餘里肥河當不出兩地之間

費克圖河衛永樂六年置以部人嘉淩阿和托爲指揮舊作弗朵禿正統後又置一訛弗朵脫　案河在阿勒楚喀城東三百里有費克圖站

岳喜衛正統後置舊訛顏赤　案岳喜河在阿勒楚喀城東二十餘里入混同江

阿實衛嘉靖時置舊訛阿失　案阿寶河卽阿什河也在賓州廳西一百里

右皆在賓州廳境

摩琳衛永樂三年置舊訛毛憐　案卽墨棱河也在五常廳西南百里

默倫河衛正統後置二均訛沒倫　按河在吉林東北與阿勒楚喀河源相近卽摩琳河也明

人誤分爲二耳

右在五常廳境

拉林河衛永樂四年置舊訛訥憐案河在雙城廳境

右在雙城廳境

窩集衛永樂元年部長錫揚哈舒什哈進馬置窩集衛以錫揚哈爲指揮舒什哈爲指揮同知

窩集左衛永樂二年置以部長托克托和爲指揮同知

窩集右衛永樂二年置以部長訥海爲指揮同知

窩集後衛永樂二年置以部徹伯爾爲指揮同知窩集舊訛兀者案漢魏之沃沮元之烏者吾者明之兀者其部族不一而地甚廣袤以地與音求之蓋即窩集也國初名東海窩集部所屬有呼爾哈赫實赫寧古塔等路

堅河衛 永樂三年置 案甯古塔城東四里有瑚延河亦書作商堅河又或作尙吉顏河吉顏二字切堅明人或以吉顏爲名因急讀成一字耳

沙蘭衛 永樂四年置舊訛撒剌爾 案沙蘭河沙蘭城沙蘭站俱在甯古塔城西不及百里

伊爾庫魯衛 永樂四年與烏拉等衛同置舊訛亦兒古里 案伊爾庫魯噶珊在甯古塔東北

斐森衛 永樂四年與烏拉伊爾庫魯等衛同置舊訛福三又正統後置一訛弗三 案斐森屯在甯古塔東北

穆陳衛 永樂四年與布爾堪衛同置以部人照齋布哈等爲指揮舊訛察陳 案河在甯古塔城西七十里

薩爾滸衛 永樂四年置舊訛撒兒忽 案甯古塔城西十餘里有薩爾滸城

窩集前衛永樂四年置舊亦訛兀者

穆倫河衛永樂四年置舊訛麥蘭　案河在甯古塔城東四百里在穆倫窩集東流入烏蘇哩江　國初有穆倫路屬東海窩集部辛亥年征取之

沃楞衛永樂四年置舊訛斡蘭　案河在甯古塔城南四十餘里

穆克圖哩山衛永樂四年置舊訛木塔里　案山在甯古塔城東與烏蘇哩江相近

多林山衛永樂四年置舊訛朵林　案多林窩集在甯古塔境内

海蘭城衛永樂五年置舊訛哈蘭又正統後置訛哈蘭郎　案城在甯古塔城西北六十里海蘭河北岸

鄂古河衛永樂五年置又正統後置一俱訛阿古　案河在甯古塔境内

塔拉衛永樂五年置舊訛答剌　案塔拉河在甯古塔城西南有塔拉站

烏蘇哩河衛 永樂五年置舊訛亦速里 案河在甯古塔境內

們河衛 永樂六年置舊訛莫溫 案河在甯古塔東南五百里入興凱湖

穆瑚哷河衛 永樂六年置舊訛木忽剌又正統後置一訛木忽魯 案河在甯古塔境內卽烏赫林河也一作穆哈連

呼爾哈河衛 永樂六年置以訥訥赫等處部人博索等爲指揮舊訛兀魯罕又七年置一訛忽兒海 案河出吉林色齊窩集繞甯古城東北入混同江訥訥赫城在甯古塔城南舊訛暖暖河 國初呼爾哈路屬東海窩集部又有南路呼爾哈部北路呼爾哈部俱乙亥年征取之

赫圖河衛 永樂七年置舊訛好屯 案河在甯古塔城西南東流至愛丹城入噶哈哩河

富勒堅衛 永樂七年置以尼魯罕部人瑚爾都訥爲指揮舊訛甫里其 案富勒堅城在甯古塔城南

富倫河衛 永樂八年與舒繙等三衛同置以訥恰等十九人爲指揮等官舊訛甫兒 案河在甯古塔城東與阿濟格窩集相近

尼滿河衛 永樂八年與富倫河同置舊訛亦麻又嘉靖時置一訛亦巒 案河在甯古塔城東入烏蘇哩江

費雅河衛 永樂八年置以部人圖喇等爲指揮 案河在甯古塔城東北一百餘里

噶穆河衛 永樂八年置舊訛古木 案河在甯古塔東北

額哷河衛 永樂八年置舊訛兀列 案甯古塔有額哷赫肯河

托罕河衛 永樂九年置以部人瑪吉尼爲指揮 案河在甯古塔城西南

實爾固辰衛 永樂十二年置以部人萬達爲指揮 案實爾固辰噶珊在甯古塔城東北

札津衛 永樂十三年置以部人吉當阿爲指揮同知舊訛札眞 案札津河在甯古塔城西南一

百十里入鏡泊

祐實哈哩衛 永樂十三年置以部人呼塔斯爲指揮同知舊訛兀思哈哩 案祐實哈哩河在甯古塔城東北二十五里源出祐實哈哩窩集

錫璘衛 正統後置舊訛失里又一訛失列 案錫璘河在甯古塔境內 國初錫璘路屬窩集部甲寅年征降之

蘇穆嚕河衛 正統後置舊訛失木魯 案甯古塔東北有蘇穆嚕山

佛訥赫衛 正統後置舊訛弗訥河 案甯古塔城西南有佛訥赫城 國初屬窩集部丁未年征取之

呼勒山衛 正統後置舊訛忽里 案山在甯古塔城東北三百里

札穆圖衛 正統後置舊訛只卜得 案甯古塔城北五十里有札穆圖河又札穆圖窩集在城

北一百二十里

穆當阿山衛正統後置舊訛木塔案山在甯古塔西南五百餘里又城西三十里亦有穆當阿城

克音河衛正統後置舊訛可吉案甯古塔城東北五十里有克音城河在其地城以河名也

呼濟河衛正統後置舊訛忽失案河在甯古塔城南三百里

拉拉山衛正統後置舊訛剌山案山在甯古塔城東與們河相近

法勒圖河衛正統後置舊訛烏爾禿案河在甯古塔城東興凱湖東南

伊魯河衛正統後置舊訛亦魯案河在甯古塔東興凱湖南

布拉衛正統後置舊訛布魯案布拉山在甯古塔西南一百十里

薩爾布衛正統後置舊訛歲班案甯古塔城東北一百二十里有薩爾布河又有薩爾布窩

集薩爾布屯

布達衛 嘉靖時置舊訛巴答 案布達山布達窩集俱在甯古塔西南與富爾嘉哈河薩喇河近

興凱衛 嘉靖時置舊訛恨克 案國初有興喀路以興喀湖名即興凱湖也在甯古塔城東南五百里周圍八百里

右皆在甯古塔境

屯河衛 永樂三年置 案河在三姓東北即元之桃温萬戶府也

穆勒肯山衛 永樂四年烏拉等處部八和索哩成格等來朝置衛於蒐里之地 案穆勒肯河出自穆勒肯山會蒐里河入烏蘇哩江皆在三姓城東北

喜塔爾河衛 永樂六年置舊訛希灘 案河在三姓東北境

克默爾河衛 永樂六年置舊訛克默而 案河在三姓東北境

奇集河衛永樂六年置舊訛欽眞案即奇集泊也在三姓東北境

綽拉題山衛永樂六年置舊訛者列帖案三姓東北有綽拉題屯

猷特哩衛永樂六年置舊訛友鐵案三姓東北有猷特哩屯

福題希衛永樂七年置以部人達實爲指揮舊訛弗提案三姓東北有福題希屯

奇穆尼衛永樂七年以瑚爾穆地人薩敦爲指揮舊訛乞勒尼案奇穆尼河在三姓東北

希禪衛永樂八年置以部人遷塔努爲指揮僉事舊訛喜申案三姓東北烏蘇哩江東有希禪屯

額勒河衛永樂八年置舊訛兀列案河在三姓東北境

弼勒古河衛永樂八年置舊訛卜魯兀案河在三姓東北境

實爾固辰衛永樂十二年置以部人萬達爲指揮案三姓東北烏蘇哩旁有實爾固辰屯

和囉噶衛　永樂十三年置舊訛忽魯愛　案即元時和囉噶路地也今三姓境

和爾邁衛　正統後置舊訛忽魯木又作瑚爾穆　案今三姓東北有瑚爾穆山與伊爾琨噶珊相近

和屯衛　正統後置　案三姓城西瑚爾哈河人混同江之地有和屯噶珊衛當在此

第拉衛　正統後置舊訛替里　案三姓東有第拉河與喜拉遊河相近

贍屯衛　正統後置舊訛者屯　案即贍噶珊也在三姓東北與穆呼哷噶珊相近

敦敦河衛　正統後置舊訛鎮真　案三姓東北烏蘇哩江東有敦敦窩集

斡賚城衛　嘉靖時置舊訛兀勒阿　案城在三姓東北混同江南與摩和囉噶珊相近

阿奇衛　嘉靖時置舊訛阿乞　案阿奇噶珊在三姓東北尼滿噶珊之北與穆克圖哩山實爾固辰噶珊相近

蒐里衛　嘉靖時置舊訛所力　案蒐里河在三姓東北烏蘇里江口

格根衛　嘉靖時置舊訛蓋干　案三姓東北混同江北有格根噶珊

穆蘇衛　嘉靖時置舊訛馬失　案三姓東北有穆蘇噶珊與敦敦窩集相近

海楚衛　嘉靖時置舊訛草出　案海楚噶珊在三姓東北烏蘇哩江東與伊爾噶珊相近

右皆在三姓城境

率賓江衛　永樂四年置舊訛速平　案本渤海率賓府地金之蘇濱水明之恤品河皆此一地今呼綏芬河在琿春東北境

雙城衛　永樂四年因温托琿等處部人吉理納入朝置雙城等五衛　案元一統志自南京而南曰海蘭府又南曰雙城抵高麗王京其地當爲今綏芬河之雙城子非吉林之雙城堡也

塞珠倫衛　永樂四年置以部人雞爾布哈爲指揮舊案札木哈亦作撒竹籃　案河在琿春西

穆霞河衛永樂五年置舊訛木陽　案河在琿春東南境與圖們江相近

賡金河衛永樂五年置賡金等五衛以部人克成額爲指揮　案即賡吉音河也在琿春西南

烏爾琿山衛永樂五年置舊訛古魯渾　案河在琿春圖們江口

額哲密河衛永樂六年置舊訛阿者迷○案河在琿春東北一百餘里

通墾山衛永樂六年置舊訛童寬　案山在琿春東北琿春河發源於此

舒藩河衛永樂六年置舊訛使坊　案河在琿春東南入綏芬河

密拉衛永樂八年置舊訛木剌　案河在琿春境與小圖們江相近

阿布達哩衛永樂八年置舊訛阿答力　案河在琿春境與琿春河相近

富色克摩衛永樂十年置舊訛弗思木　案明實錄渾綽渾至富色克摩隘口一千三百六十里渾綽渾即琿春之綏音是富色克摩隘口應在琿春東境

布爾哈圖河衞 永樂十二年置以部人伊能額爲指揮 案河在琿春西北三百餘里

錫璘衞 正統後置舊訛失里 案今呼西林河在琿春東南境

瑚葉衞 正統後置舊訛兀也 案瑚葉路國初屬東海窩集部已酉年征取之今爲琿春東境

吉朗吉衞 正統後置舊訛結剌吉 案琿春西南有吉朗吉海蘭河

珠倫河衞 正統後置舊訛竹里 案河在琿春東南境

舒爾哈衞 嘉靖時置舊訛樹哈 案河在琿春境入噶哈哩河

愛丹衞 嘉靖時置舊訛愛答 案愛丹城在琿春西二百五十里海蘭河布爾哈圖河滙流之地

哈瞻衞 嘉靖時置舊訛哈察 案今琿春西北有哈瞻河

右皆在琿春境

所二十四

窩集屯河所永樂二年置以歡塔等爲千百戶舊訛兀者托温　案屯河出屯窩集此加窩集於屯字之上殆以屯河所爲窩集衞屬部也後如窩集奎瑪窩集沃勒齊其例皆同其地在三姓東北

喀勒達所永樂四年置以巴圖布哈等爲千百戶舊訛阿里錫　案琿春東八十餘里有喀勒達山

呼特亨所永樂四年置舊訛兀的罕　案大小呼特亨河皆在混同江北岸小河在東大河在西三姓北境也

德里沃赫所永樂五年置　案郎德林石也在甯古塔西南九十里

阿實所案郎阿什河也在賓州廳境

鄂爾琿山所永樂五年置舊訛哈魯門　案山在甯古塔東南六百里屬琿春境

法坦河所永樂七年置舊訛敷答　案河在三姓東北混同江北康熙中巴海與羅刹戰於古

伐檀村即此或作法特哈語音輕重之異

窩集奎瑪所舊訛兀者撲野木　案奎瑪河奎瑪噶珊俱在三姓東北

窩集沃勒齊所舊訛兀者穩勉赤　案三姓東北有沃勒齊屯

岳色所舊訛魚失　案岳色河在三姓東北

窩集堅河所　案堅河即商吉顏河在甯古塔境此又加窩集字耳

索爾和綽河所舊訛鎖郎哈眞　案河在甯古塔城南十里

窩集色勒所舊訛兀者撒　案吉林城東南四百餘里有色勒河

城站地面五十八

喜嚕林城舊訛喜樓里　案喜嚕林山喜嚕林屯俱在三姓境

佛多和站舊訛弗朵河　案佛多和河出甯古塔西三百三十里色齊窩集　國初訥殷部佛

多和寨

郎此

伊罕河衛哈必蘇站哈必蘇舊訛忽把希案伊罕河在吉林城北

富達里站舊訛弗答林案富達里噶珊在三姓東北

武都奇站舊訛古代替案甯古塔東北有武都奇噶珊

博和弼站舊訛繙爾賓案三姓東北有博和弼河

赫勒哩站舊訛黑勒里案三姓東北有赫勒里河

們河地面舊訛木溫

薩哈地面舊訛撒改案地屬甯古塔

尼滿河地面舊訛亦馬

噶穆地面舊訛可木

額圖密地面舊訛昏地迷　案在琿春東境外

烏爾固辰地面舊訛烏爾滚車　案烏爾固辰路國初屬東海窩集部辛亥年征取之

錫伯河地面舊訛施伯　案河在屯河之南

松阿哩地面舊訛勝和爾

奇集河地面舊訛欽眞

伊津河地面舊訛因只　案河在琿春東

伊屯河地面舊訛禿渾

果埒亨河地面舊訛古里罕　案河在甯古塔境

蘇穆嚕河地面舊訛失木魯

穆倫河地面舊訛木倫

綏哈河地面舊訛崔哈　案河在吉林城西四十里有綏哈城舊屬哈達國　國初巳亥年征取之

納敏河地面舊訛那門　案河在吉林東北入混同江

布爾哈圖河地面舊訛卜忽禿

塞珠倫河地面舊訛撒只剌

綏芬地面舊訛蘇芬　案即率賓江也在琿春東南　國初有綏芬路屬窩集部庚戌年征取之

錫璘地面見前此又訛失令

拉林口舊訛那令　案拉林渡口站即在拉林河旁今屬雙城廳境

必興河口　案即畢歆河也在三姓東北

謹按明時所設衛所城站地面凡四百五十有八在奉天黑龍江兩省境内者十之二無可考者十之一吉林境内得其十之七而一地數名重複充數者又居其七之一蓋其確可指實者具於是焉明之中葉疆域極於開原而宣德用兵事見金石門乃及努兒干之地則威棱之遠亦且萬里而遥然考自永樂七年始置努兒干都司至宣德八年纔二十餘年而用兵至再蓋始也因其部人來朝授以爵秩本未能疆理其地臣服其人特因其荒忽無常之形等諸羈縻勿絶之義其後不能及遠縻者

益稀而猶多建空名虛飾觀聽以故正嘉而後重複滋多其名雖存其實則喪之久矣今爲正其譯對之訛明其地分之實按年臚敘俾沿革可尋蓋當明之盛時其域外經營疏略若此則其後之日蹙雖曰天命抑豈非人事哉彙而觀之亦一代得失之林也

明季爲長白山三部扈倫之輝發烏拉葉赫兼有哈達之北境及東海部地

長白山三部

鴨綠江部

開國方略辛卯年明萬歷十九年春正月我
大清收服鴨緑江部時滿洲環境五豪部皆服全有建州國勢日盛
太祖乃遣兵招撫長白山之鴨緑江路盡收其衆
開國方略癸巳年明萬歷二十一年冬十月我
大清取珠舍哩珠舍哩部
開國方略癸巳年閏十一月我
大清取訥殷部訥殷部訥殷部藪穩色克什聚七寨人據佛多

和山寨而居額宜都等率兵千人攻圍三月乃下

謹案魏源云長白山三部皆建州地在遼瀋之東今考鴨綠江部伊通州以南地訥殷河部當在三音訥殷額赫訥殷兩河之間惟珠舍哩部今無可考以地望診之亦當相去不遠葢此三部橫亘長白山陰故未平扈倫四部以前能逕通東海瓦爾喀界由此道也

扈倫四部

輝發部

開國方略乙未年明萬歷二十三年夏六月我

大清攻克輝發部多壁城丁未年（明萬曆二十五年）秋九月平

輝發國

謹案輝發城有三一在省城西南三百七十里吉林峯上（與奉天海龍廳接壤）一在輝發峯之西北一在省城南三百餘里（那爾轟之北）輝發河邊其國南境當與訥殷接（以兩訥殷河在那爾轟之南知之）其西境當與葉赫接其東與北當與烏拉接在扈倫四部中最處東南邊者

烏拉部

開國方略戊申年（明萬曆三十六年）春三月我

大清克烏拉宜罕山城癸丑年（明萬曆四十一年）春正月平烏

拉國

謹按烏拉國城即今打牲烏拉其南界與輝發接西南界至蘇斡延以西與葉赫接其北界無可考其東界則在今張廣才嶺許以額穆赫索羅爲窩集境知之然其盛時東海三部且爲所屬則直訖海濱矣

葉赫部

開國方略癸丑年明萬歷四十一年我大清征葉赫降烏蘇城收服葉赫所屬璋城吉當阿城雅哈城赫爾蘇城和敦城喀布齊賚城鄂吉岱城及屯寨凡十九處天命四年八月滅葉赫國

謹按葉赫國城在今省城西四百九十五里葉赫站其西北三里亦有土城一蓋即布揚古所居者也其國南境多在奉天界與哈達鄰其北境與科爾沁郭爾羅斯鄰其西境當至威遠堡邊止即明之北關也

又案扈倫四部在滿洲之北皆以所居之河得名烏拉輝發二河入松花江葉赫哈達二河入遼河即明之海西衛與建州衛野人衛而三海西亦謂之南關北關南關哈達北關葉赫偪處開原鐵嶺乃明邊之外障蓋四部之地其三部皆全在吉林

惟哈達國境在今奉天界內而其北境亦有錯入吉林者以占地無多故建置從略焉

東海三部

瓦爾喀部

噶嘉路

朔方備乘大臣費英東初征瓦爾喀取噶嘉路

安楚拉庫路

開國方略安楚拉庫路舊屬瓦爾喀部戊戌年明萬歷二十六年春正月招降之

內河路

朔方備乘烏拉以我國所屬之安楚拉庫路內河路

衆所推服之二人送葉赫並引其使人招誘二路

斐優城

聖武記一戊申年十六年明萬歷三瓦爾喀部斐優城長越烏拉境

來歸

窩集部

赫席赫路

鄂謨和蘇魯路即今額默和索羅站

佛納赫托克索路今佛多和河在額默和北

謹案

開國方略云東海窩集部之赫席赫路鄂謨和蘇魯路佛納赫托克索路並附烏拉丁未年明萬歷三十五年貝勒巴雅喇等率兵取其屯寨是三路屬窩集部之證也

呼爾哈路

瑚葉路瑚葉河在興凱湖東西北入烏蘇里江路葢以河名

謹案

開國方略戊申年明萬歷三十六年九月窩集部之呼爾哈路侵我甯古塔城我駐防薩齊庫路兵擊敗之降人有逃至窩集部之瑚葉路者己酉年大臣扈爾漢率兵取瑚葉路是二路屬窩集部之證也

綏芬路綏芬河在甯古塔之南圖們江之東路蓋以河名

那穆都魯路一作那木都祿

甯古塔路

尼馬察路

謹案

開國方略云時有歸附我國之綏芬路長爲窩集部之雅蘭路人所掠庚戌年明萬歷三十八年十一月招降窩集部之那穆都魯路綏芬路甯古塔路尼馬察路是四路屬窩集部之證也

烏爾固辰路一作庫爾布新河名也在興凱湖東北入烏蘇里江路亦以河名

穆稜路河源出甯古塔東北入烏蘇里江

謹案

開國方略辛亥年明萬歷三十九年秋七月取窩集部之烏爾固辰穆稜二路

雅蘭路雅蘭河出錫赫特山南行二百餘里入海

錫琳路

謹案

開國方略甲寅年明萬歷四十二年冬十一月征雅蘭錫琳二路先是窩集部之雅蘭路人掠我所屬之綏芬路長至是征之是二路屬窩集部之證也

瓦爾喀部

額赫庫倫

額勒約索

阿庫里

尼滿

諾羅

阿萬

烏爾吉

額勒

塞木克勒

輝克

謹案

開國方略天聰九年十月征瓦爾喀兩黄旗進兵之地曰額赫庫倫曰額勒約索兩藍旗進兵之地曰阿庫里曰尼滿兩白旗進兵之地曰諾羅曰阿萬崇德二年七月征瓦爾喀兩紅旗一路率綏芬雅蘭瑚葉烏爾吉壯丁兩藍旗一路率額赫庫倫額勒以東纂木克勒以西壯丁崇德五年征瓦爾喀輝克地方朱吉喇來朝是十地屬瓦爾喀部之證也

呼爾哈部

札庫塔城

謹案

開國方略先是東海呼爾哈路札庫塔人來降既又貪烏拉國布匹受其貝勒招撫辛亥年明萬歷三十九年冬十一月大臣額亦都等率兵克之知城爲呼爾哈路所屬也

那堪泰路

謹案

開國方略天聰三年十一月那堪泰路之呼爾哈人來歸命於甯古塔邊地駐牧

喀爾喀穆屯
遮克特庫屯
塔圖庫屯
福提希屯
鄂爾琿屯
斡齊奇屯
庫巴察拉屯
額提齊屯
薩里屯
尼葉爾伯屯

謹案

開國方略崇德七年沙爾琥達等率兵征松阿哩江之呼爾哈部十屯人民俱降之知屯爲呼爾哈屬地也

奇雅喀喇

音達琿路

塔庫喇喇路

錫拉忻路

謹案滿洲源流考曰自甯古塔東行千餘里住烏拉哩江兩岸者曰穆倫穆倫又東二百餘里住尼滿河源者曰奇雅喀喇一曰恰喀拉

皇朝職貢圖所云恰喀拉散處於琿春沿東海及富沁岳色等河者是也其音達琿等三路據

開國方略則天命元年九月招服之魏源云錫拉河在甯古塔極東自入海乃奇雅喀喇部人所居三路相距不遠知同爲奇雅喀喇所屬也

庫爾喀部

謹案滿洲源流考庫爾喀在圖們江北岸與朝鮮慶遠相對一日庫雅喇

皇朝文獻通考所云琿春河左右皆庫雅喇人等所居即其地也天聰二年秋七月始來朝貢云

烏拉拉部

謹案

開國方略天聰六年冬大臣武巴海率兵征烏拉拉部分八旗爲四路並趨潺赫河皆今甯古塔以東際海地也

赫哲喀喇

謹案赫哲俗呼黑斤柳邊紀略謂有薙髮不薙髮兩種其地則自甯古塔東北行千五百里住松花江黑龍江兩岸者皆赫哲喀喇又東北行四五百里往烏蘇哩松花黑龍三姓滙流左右亦曰赫哲

喀喇卽使犬國也據滿洲源流考魏源云甯古塔以東有赫哲部奇雅喀部卽奇雅喀喇混同江北岸之東復有使犬之赫哲亦謂之魚皮部會典圖說所謂三姓東北海內外地皆諸部所在也

費雅喀部

謹按滿洲源流考云赫哲又東北行七八百里曰費雅喀今松花江極東沿海島散處者是也

奇勒爾

謹案奇勒爾亦曰奇楞在甯古塔東北二千餘里亨滾河等處卽使鹿鄂倫春遊牧處所職貢圖所

謂鄂倫綽者是也有使馬使鹿二部使鹿在使馬之外雖編佐領供調遣而丁不逮額又有不編佐領之使鹿部亦曰奇勒爾曰費雅哈與海中之庫頁島皆更在鄂倫春之外會典圖說所謂三姓東北海以外地者是也

庫頁部

謹案魏源云庫頁部海島廣袤埒臺灣近混同江口其島襍有赫哲費雅哈鄂倫春之人而庫頁爲大卽

國初刳舟濟師往取者一曰庫野職貢圖所謂庫野居

東海島之雅丹達里堪者是也每歲進貂皮設姓長鄉長子弟以統之以其居處甚遠不能至甯古塔每年六月遣官至離甯古塔三千里之普祿鄉收貢頒賜焉

國朝設吉林省分府二廳四州一縣二鎮城五

吉林省城

原名吉林烏拉又曰船廠

順治十年設按班章京及副都統二人鎮守甯古塔康熙元年改按班章京爲鎮守甯古塔等處將軍十年移副都統一人駐吉林十二年始建城十五年將

軍自甯古塔移鎮於此管理滿洲蒙古漢軍錫伯巴爾虎等旗凡副都統分鎮之地五甯古塔伯都訥三姓阿勒楚喀琿春協領分駐之地四烏拉拉林五常雙城佐領分駐之地二伊通額穆赫索羅防禦分駐之地四按會典康熙二十年設防禦四人分駐巴彦鄂佛囉伊通赫爾蘇布爾圖庫蘇巴爾罕四邊門皇朝文獻通考光緒八年奏准添設吉林分巡道所屬吉林府伊通州敦化縣長春府農安縣伯都訥廳五常廳賓州廳雙城廳

吉林府

雍正四年於吉林烏拉設永吉州隸奉天府尹按文獻通考作五年於吉林城之西境設永吉州乾隆十二年罷州改設理事同

知屬將軍光緒八年裁同知升爲府所屬州一縣一

伊通州駐防附在府城西二百八十里

以河名卽明統志之一禿河也雍正六年由吉林鑲黃正黃二旗移撥佐領二員管理各旗戸嘉慶十九年設伊通河分防巡檢光緒八年改設知州管理地方旗民事務並於州治東南一百八十里磨盤山設分防巡檢十三年裁巡檢改設分防州同均隸吉林府知府管轄

敦化縣在府城東南四百八十里

爲鄂多哩城地又名阿克敦城光緒八年設知縣管

理地方事務始建城垣於鄂多哩城舊址之西二里

許隸吉林府

長春府在會城西北二百四十里

原名寬城屬蒙古郭爾羅斯前旗游牧地嘉慶五年

於長春堡設理事通判名長春廳道光五年移建於

此仍舊名同治四年始挖城濠修築木板城垣光緒

八年改理事通判爲撫民通判並增設農安分防照

磨十五年裁撫民通判升爲府移農安照磨駐靠山

屯十六年又移駐府東北九十里朱家城子

農安縣在府城北一百二十三里

爲金隆安府舊城後爲蒙古郭爾羅斯部游牧地光緒八年始設分防照磨屬長春府管轄十五年改設

知縣隸長春府

伯都訥廳原設於新城在會城東北四百八十里後移駐會城正北二百八十里孤榆樹屯原名孤榆樹屯雍正五年於伯都訥城設長寗縣隸奉天府尹乾隆元年罷縣改州同十二年裁州同以舊縣地屬吉林理事同知設巡檢一員二十六年裁巡檢改設蒙古理藩院委署主事嘉慶十六年裁委署主事改設理事同知增設巡檢二員分駐伯都訥孤榆樹光緒八年改理事同知爲撫民同知移孤榆

樹屯改原設巡檢爲伯都訥分防巡檢

五常廳駐防附在會城東三百六十里

同治八年於五常堡添設駐防協領一員管理各旗

戸屬吉林將軍管轄

廳治原名歡喜嶺舊五常堡屬地相距三十五里因

以爲名光緒六年預建土城八年設撫民同知管理

地方旗民事務並設分防府經歷駐廳正南六十里

山河屯分防巡檢駐廳西南九十里藍彩橋

賓州廳在會城東北六百三十里

原名葦子溝光緒六年預築土城八年設撫民同知

管理地方旗民事務並設分防巡檢駐廳東南二百四十里燒鍋甸子

雙城廳駐防附城正北五百里在會

嘉慶十七年於阿勒楚喀拉林西北雙城子地方移駐京都八旗墾荒十九年以委協領統之管理各旗戸隸阿勒楚喀副都統仍統於吉林將軍光緒八年設撫民通判管理地方旗民事務舊有土城並設分防巡檢駐廳東南一百一十里拉林

打牲烏拉在會城北七十里

原名布特哈烏拉順治初年設打牲烏拉總管管理

印務捕務採務各事宜文獻通考順治年初設佐領康熙四十二年於舊城東改
建新城雍正五年設總管
乾隆五年以吉林協領移駐打牲烏拉管理各旗戶
與總管同城分理
額穆赫索羅在會城東三百六十里
以湖名卽俄漠惠也乾隆元年設佐領管理各旗戶
寗古塔城在會城東南八百里
寗古塔國語數之六也順治十年設按班章京及副
都統駐此向有舊城在今城西北五十里康熙五年
始於呼爾哈河北岸移建今城十五年以將軍移駐

吉林烏拉城留副都統鎮守管理各旗戶雍正五年置泰甯縣屬奉天府七年裁

伯都訥城在會城西北四百八十里

又名那拉洪康熙三十一年以舊城改建移吉林副都統鎮之按吉林外紀有錫伯喀爾喀巴爾虎瓜爾察等佐領管理各旗戶

三姓城在會城東北一千二百里

原名依蘭哈拉按吉林外紀乃努雅喇克宜克勒祐什哈哩三姓赫哲因以名城康熙五十四年建三姓城始置駐防兵以協領等官領之雍正十年增設副都統管理各旗戶

富克錦城附在三姓城東北五百三十里

原名富替新屬三姓副都統所轄地光緒六年始建城八年奏准添設駐防協領管理各旗戶

阿勒楚喀在會城東北五百五十里

以水名即金史之按出虎也俗名阿什河雍正四年始置駐防兵以協領兼副都銜領之七年改建阿統勒楚喀城乾隆九年增設副都統鎮守管理各旗戶

拉林城附城西南九十里在阿勒楚喀

以河名俗訛蘭陵河即金史之淶流也屬阿勒楚喀副都統所轄地乾隆二十一年設副都統一員分爲左右兩翼嗣後以移駐之丁陸續編爲二十四屯二十七

年以拉林副都統與阿勒楚喀副都統分設二處三十四年裁副都統以協領歸阿勒楚喀管轄

琿春城在會城東南八百餘里

以水名康熙五十三年設協領屬隸於甯古塔副都統光緒七年改設實缺副都統管理各旗戶

吉林通志卷十三

輿地志一　天度上

總表

吉林通志卷十三

輿地志一　天度上

總表　南北緯度　東西經度

	北極高度（十度十分）	距吉林緯度（南北度十分）	距順天緯度（南北度十分）	偏吉林經度（東西度十分）	偏順天經度（東西度十分）
吉林省城	四三四七		北三五二		東一〇二七
伊通州	四三四〇	南〇〇七	北三四五	西一三七	東〇八五〇
敦化縣	四三一三	南〇三四	北三一八	東一〇八	東一一三五
長春府	四三四六	南〇〇一	北三五一	西一四九	東〇八三八
農安縣	四四三五	北〇四八	北四四〇	西一三九	東〇八四八

地名					
伯都訥廳	四四四三	北〇五六	北四四八	東〇〇二	東一〇二八
賓州廳	四五五三	北二〇六	北五五八	東〇三八	東一一〇五
五常廳	四五二三	北一三六	北五二八	西〇二三	東一〇一四
雙城廳	四五四〇	北一五三	北五四五	西一〇七	東〇九二〇
甯古塔	四四四六	北〇五九	北四五一	東三〇八	東一三三五
伯都訥	四五一五	北一二八	北五二〇	西一五〇	東〇八三七
阿勒楚喀	四五五一	北二〇四	北五五六	東〇二〇	東一〇四七
拉林	四五三〇	北一四三	北五三五	西〇五七	東〇九三〇
三姓	四七二〇	北三三三	北七二五	東二五三	東一三二〇
富克錦	四七五二	北四〇五	北七五七	東四二二	東一四四八

琿春	四三〇〇	南〇四七	北三〇五	東四〇三	東一四三〇
打牲烏拉	四四一二	北〇二五	北四一七	東〇〇五	東一〇三二

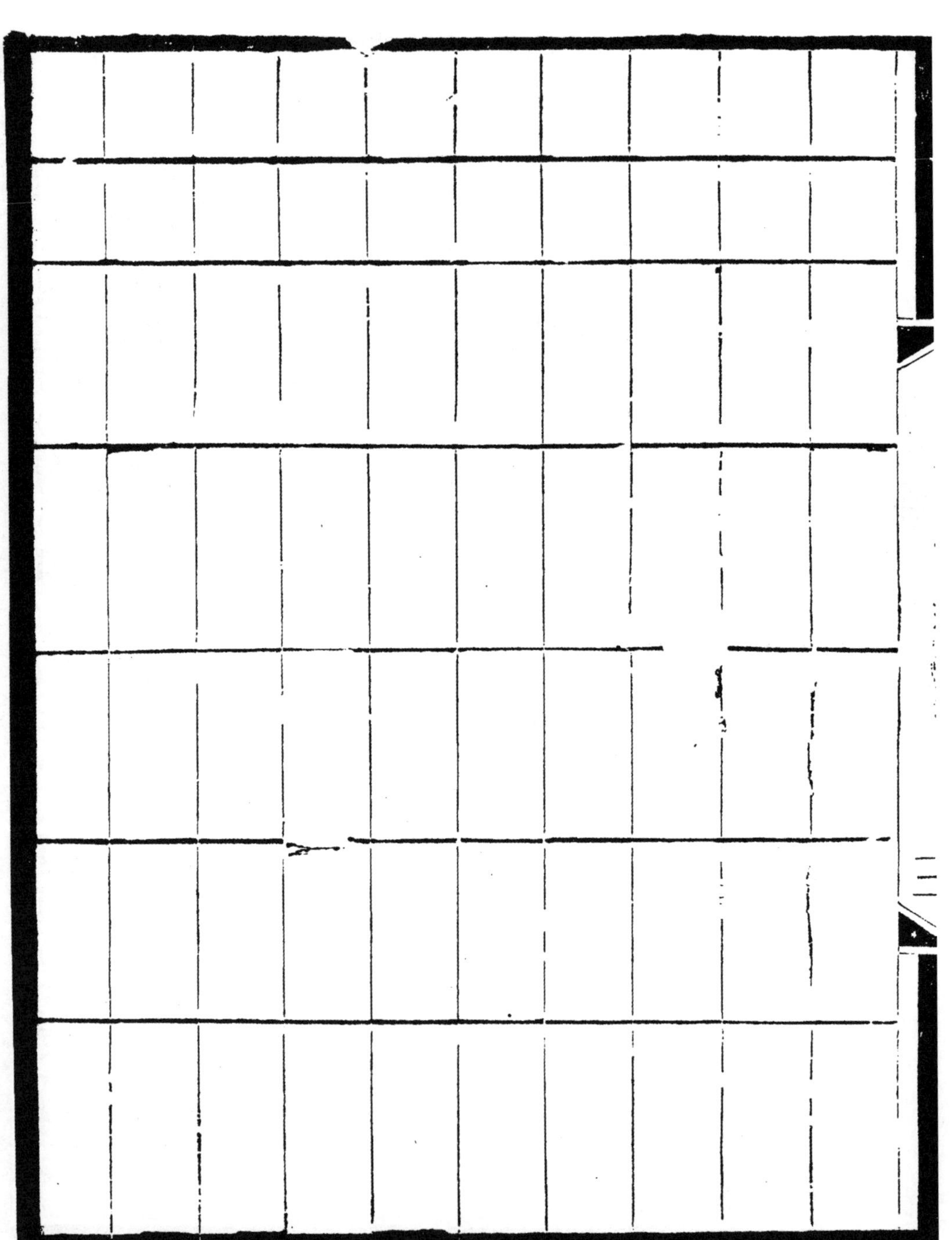

吉林府表一　七十二候日午正太陽高度及立表臥表景長（表高五尺）

節候	日躔			實高			半徑差角	視高			視半徑		上邊視高			立表平景			下邊視高			臥表倒景			日躔			節候
	宮	十	度	十度	十分	十秒	秒	十度	十分	十秒	十分	十秒	十度	十分	十秒	丈尺	寸分	釐毫	十度	十分	十秒	丈尺	寸分	釐毫	宮	十	度	
冬至日　蚯蚓結	丑	○	初	二二	四四	○○	八	二二	四三	五二	一六	二二	二三	○○	一四	一一	七七	七○	二二	二七	三○	○二	○六	六八	丑	○	初	冬至日　蚯蚓結
冬至後五日　麋角結	丑	○	五	二二	四九	四一	八	二二	四九	三三	一六	二三	二三	○五	五六	一一	七二	三○	二二	三三	一○	○二	○七	六五	寅	二	五	大雪後十日　荔挺出
冬至後十日　水泉動	丑	一	○	二三	○六	四○	八	二三	○六	三二	一六	二三	二三	二二	五五	一一	五六	四三	二二	五○	○九	○二	一○	五五	寅	二	○	大雪後五日　虎始交

小寒日	丑	二三	八	二三		二三	一一	二三	〇二	寅	大雪日
雁北鄉	一五	三四四四		三四三六	一六三三	五〇五九	三〇九九	一八一三	一五三七	一五	鶡旦不鳴
小寒後五日	丑	二四	八	二四		二四	一〇	三三	〇二	寅	小雪後十日
鵲始巢	二〇	一三三五		一三二七	一六二二	二九四九	九七三〇	五七〇五	二二二	一〇	閉塞而成冬
小寒後十日	丑	二五	八	二五		二五	一〇	二四	〇二	寅	小雪後五日
雉雊	二五	〇二四六		〇二三八	一六三三	一九〇〇	五六九六	四六一六	三〇七三	〇五	天氣上騰地氣下降
大寒日	子	二六	八	二六		二六	一〇	二五	〇二	寅	小雪日
雞乳	〇初	〇一四四		〇一三六	一六三三	一七五八	一一七〇	四五一四	四一二一	〇初	虹藏不見
大寒後五日	子	二七	八	二七		二七	〇九	二六	〇二	卯	立冬後十日
征鳥厲疾	〇五	〇九五五		〇九四七	一六二二	二六〇八	六三一三	五三二六	五三五六	二五	雉入大水爲蜃

上	一	二	三	四	五	六	七	八	九	十	下
大寒後十日	子	二八	八	二八		二八	○九	二八	○二	卯	立冬後五日
水澤腹堅	一 ○	二六 三五		二六 二七	一六 二○	四二 四七	一二 七八	一○ ○七	六七 七五	二 ○	地始凍
立春日	子	二九	七	二九		三○	○八	二九	○二	卯	立冬日
東風解凍	一 五	五一 ○三		五○ 五六	一六 二○	○七 一六	六一 八一	三四 三六	八三 七七	一 五	水始冰
立春後五日	子	三一	七	三一		三一	○八	三一	○三	卯	霜降後十日
蟄蟲始振	二 ○	二二 三二		二二 二五	一六 一九	三八 四四	一一 二九	○六 ○六	○一 六四	一 ○	蟄蟲咸俯
立春後十日	子	三三	七	三三		三三	○七	三二	○三	卯	霜降後五日
魚陟負冰	二 五	○○ 一六		○○ ○九	一六 一八	一六 二七	六一 九三	四三 五一	二一 三七	○ 五	草木黃落
雨水日	亥	三四	七	三四		三四	○七	三四	○三	卯	霜降日
獺祭魚	○ 初	四三 二七		四三 二○	一六 一七	五九 三七	一四 二四	一七 ○三	四三 ○一	○ 初	豺乃祭獸

吉林通志卷十三 五

上欄	一	二	三	四	五	六	七	八	九	十	下欄
雨水後五日	亥	三六	七	三六		三六	〇六	三六	〇三	辰	寒露後十日
候雁北	〇 五	三一 一七		三一 一〇	一六 一六	四七 二六	六八 五九	一四 五四	六六 五九	二 五	鞠有黃華
雨水後十日	亥	三八	六	三八		三八	〇六	三八	〇三	辰	寒露後五日
草木萌動	一 〇	二三 〇一		二二 五五	一六 一四	三九 〇九	二五 一六	〇六 四一	九二 二〇	二 〇	雀入大水爲蛤
驚蟄日	亥	四〇	六	四〇		四〇	〇五	四〇	〇四	辰	寒露日
桃始華	一 五	一七 四九		一七 四三	一六 一三	三三 五六	八四 〇七	〇一 三〇	一九 九二	一 五	鴻雁來賓
驚蟄後五日	亥	四二	六	四二		四二	〇五	四一	〇四	辰	秋分後十日
倉庚鳴	二 〇	一四 五六		一四 五〇	一六 一二	三一 〇二	四五 三三	五八 三八	四九 八四	一 〇	水始涸
驚蟄後十日	亥	四四	六	四四		四四	〇五	四三	〇四	辰	秋分後五日
鷹化爲鳩	二 五	一三 三五		一三 二九	一六 一一	二九 四〇	〇八 九〇	五七 一八	八二 〇九	〇 五	蟄蟲坯戶

春分日	元鳥至	春分後五日	雷乃發聲	春分後十日	始電	清明日	桐始華	清明後五日	田鼠化爲鴽
戌	○初	戌	○五	戌	一○	戌	一五	戌	二○
四六	一三○○	四八	一二二五	五○	一一○四	五二	○八一一	五四	○二五九
六		五		五		五		五	
四六	一二五四	四八	一二二○	五○	一○五九	五二	○八○六	五四	○二五四
	一六○九		一六○八		一六○六		一六○五		一六○三
四六	二九○三	四八	二八二八	五○	二七○五	五二	二四一一	五四	一八五七
○四	七四七五	○四	四二七六	○四	一二八八	○三	八五○一	○三	五九○八
四五	五六四五	四七	五六一二	四九	五四五三	五一	五二○一	五三	四六五一
○五	一六七九	○五	五四○七	○五	九四○八	○六	三六九二	○六	八二六八
辰	○初	巳	二五	巳	二○	巳	一五	巳	一○
秋分日	雷始收聲	白露後十日	羣鳥養羞	白露後五日	元鳥歸	白露日	鴻雁來	處暑後十日	禾乃登

清明後十日	虹始見	穀雨日	萍始生	穀雨後五日	鳴鳩拂其羽	穀雨後十日	戴勝降於桑	立夏日	螻蟈鳴
戌	二 五	酉	○ 初	酉	○ 五	酉	一 ○	酉	一 五
五五	五四 四三	五七	四二 三三	五九	二五 四四	六一	○三 二八	六二	三四 五七
四		四		四		四		四	
五五	五四 三九	五七	四二 二九	五九	二五 四○	六一	○三 二四	六二	三四 五三
	一六 ○二		一六 ○一		一五 五九		一五 五八		一五 五七
五六	一○ 四一	五七	五八 三○	五九	四一 三九	六一	一九 二三	六二	五○ 五○
○三	三五 ○○	○三	一二 七四	○二	九二 二五	○二	七三 四八	○二	五六 四四
五五	三八 三七	五七	二六 二八	五九	○九 四一	六○	四七 二六	六二	一八 五六
○七	三一 四三	○七	八三 ○七	○八	三七 四七	○八	九四 三○	○九	五二 九九
巳	○ 五	巳	○ 初	午	二 五	午	二 ○	午	一 五
處暑後五日	天地始肅	處暑日	鷹乃祭鳥	立秋後十日	寒蟬鳴	立秋後五日	白露降	立秋日	涼風至

立夏後五日	酉	六三		六三		六四	○二	六三	一○	午	大暑後十日
蚯蚓出	二○	五九二五	四	五九二一	一五五六	一五一七	四一一二	四三二五	一二七二	一○	大雨時行
立夏後十日	酉	六五		六五		六五	○二	六五	一○	午	大暑後五日
王瓜生	二五	一六○五	三	一六○二	一五五五	三一五七	二七五二	○○○七	七二三五	○五	土潤溽暑
小滿日	申	六六		六六		六六	○二	六六	一一	午	大暑日
苦菜秀	○初	二四一六	三	二四一三	一五五四	四○○七	一五六六	○八一九	三○三七	○初	腐草爲螢
小滿後五日	申	六七		六七		六七	○二	六七	一一	未	小暑後十日
靡草死	○五	二三一四	三	二三一一	一五五三	三九○四	○五五六	○七一八	八四九二	二五	鷹始擊
小滿後十日	申	六八		六八		六八	○一	六七	一二	未	小暑後五日
麥秋至	一○	一二二五	三	一二二二	一五五二	二八一四	九七二五	五七三○	三四九六	二○	蟋蟀居壁

芒種日	螳螂生	芒種後五日	鵙始鳴	芒種後十日	反舌無聲	夏至日	鹿角解
申	一五	申	二○	申	二五	未	○初
六八	五一一六	六九	一九二○	六九	三六一九	六九	四二○○
	三		三		三		三
六八	五一一三	六九	一九一七	六九	三六一六	六九	四一五七
	一五五一		一五五一		一五五一		一五五○
六九	○七○四	六九	三五○八	六九	五二○七	六九	五七四七
○一	九○七五	○一	八六○九	○一	八三二九	○一	八二三五
六八	三五二二	六九	○三二六	六九	二○二五	六九	二六○七
一二	七五一六	一三	○六四四	一三	二六○三	一三	三二七二
未	一五	未	一○	未	○五	未	○初
小暑日	温風至	夏至後十日	半夏生	夏至後五日	蜩始鳴	夏至日	鹿角解

吉林府表二十二月中氣日逐時太陽上邊視高度太陽平景方位偏度及景長〇此篇專為造日晷而設故立五方高之表以取景其景長僅當前表百分之一

中氣		十一月冬至日			十二月大寒日		
時正		辰申正	巳未正	午正	辰申正	巳未正	午正
太陽上邊視高	十度十分十秒	〇三 二六 三八	一七 三五 三〇	二三 〇〇 一四	〇六 〇〇 四〇	二〇 三八 一八	二六 一七 五八
太陽方位		正東西偏南	正南偏東西	正南	正東西偏南	正南偏東西	正南
太陽平景偏度	十度十分十秒	三七 一七 四五	二八 四二 三五		三五 一三 二一	三〇 〇二 一八	
平景方位		正西東偏北	正北偏西東	正北	正西東偏北	正北偏西東	正北
立表平景	寸分毫釐	八三〇八	一五七七	一一七八	四七四八	一三二八	一〇二二
中氣		十一	月冬	至日	十月	小雪	日

吉林通志卷十三 八

節氣	時刻	數	方向	數	方向	數	節氣
正月	辰正 申正	二二 四四 一二	正東偏南 正西偏南	二九 三八 二一	正西偏北 正東偏北	三二一二	九月
雨水	巳正 未正	二八 三七 ○六	正南偏東 正南偏西	三三 四九 五一	正北偏西 正北偏東	○九一六	霜降
日	午正	三四 五九 三七	正南		正北	○七一四	日
二月	辰正 申正	二一 二五 四一	正東偏南 正西偏南	二一 四六 三四	正西偏北 正東偏北	一二七四	八月
春分	巳正 未正	三八 五八 ○一	正南偏東 正南偏西	三九 五○ 三○	正北偏西 正北偏東	○六一八	秋分
日	午正	四六 二九 ○三	正南		正北	○四七五	日
三月	卯正 酉正	○八 一一 二一	正東偏北 正西偏北	○八 二一 ○二	正西偏南 正東偏南	三四七四	七月
穀雨	辰正 申正	二九 四二 四三	正東偏南 正西偏南	一二 五七 一○	正西偏北 正東偏北	○八七六	處暑
日	巳正 未正	四八 五八 三○	正東偏南 正西偏南	四二 ○八 三一	正西偏北 正東偏北	○四三六	日
	午正	五七 五八 三○	正南		正北	○三一三	

節氣	時	刻分秒	方向	度分秒	方向	度分	節氣
四月	卯酉正	一四 ○四 四三	正東西偏北	一四 五二 ○○	正西東偏南	一九九四	六月
小滿	辰申正	三五 三二 四三	正東西偏南	○五 一八 四一	正西東偏北	○七○○	大暑
日	巳未正	五五 五四 五三	正東西偏南	三三 四三 三一	正西東偏北	○三三八	日
	午正	六六 四○ ○七	正南		正北	○二一六	
五月	卯酉正	一六 一六 ○七	正東西偏北	一七 二四 五三	正西東偏南	一七一三	五月
夏至	辰申正	三七 三七 一九	正東西偏南	○二 ○八 ○九	正西東偏北	○六四九	夏至
日	巳未正	五八 二三 ○七	正東西偏南	二九 四三 五五	正西東偏北	○三○八	日
	午正	六九 五七 四七	正南		正北	○一八二	

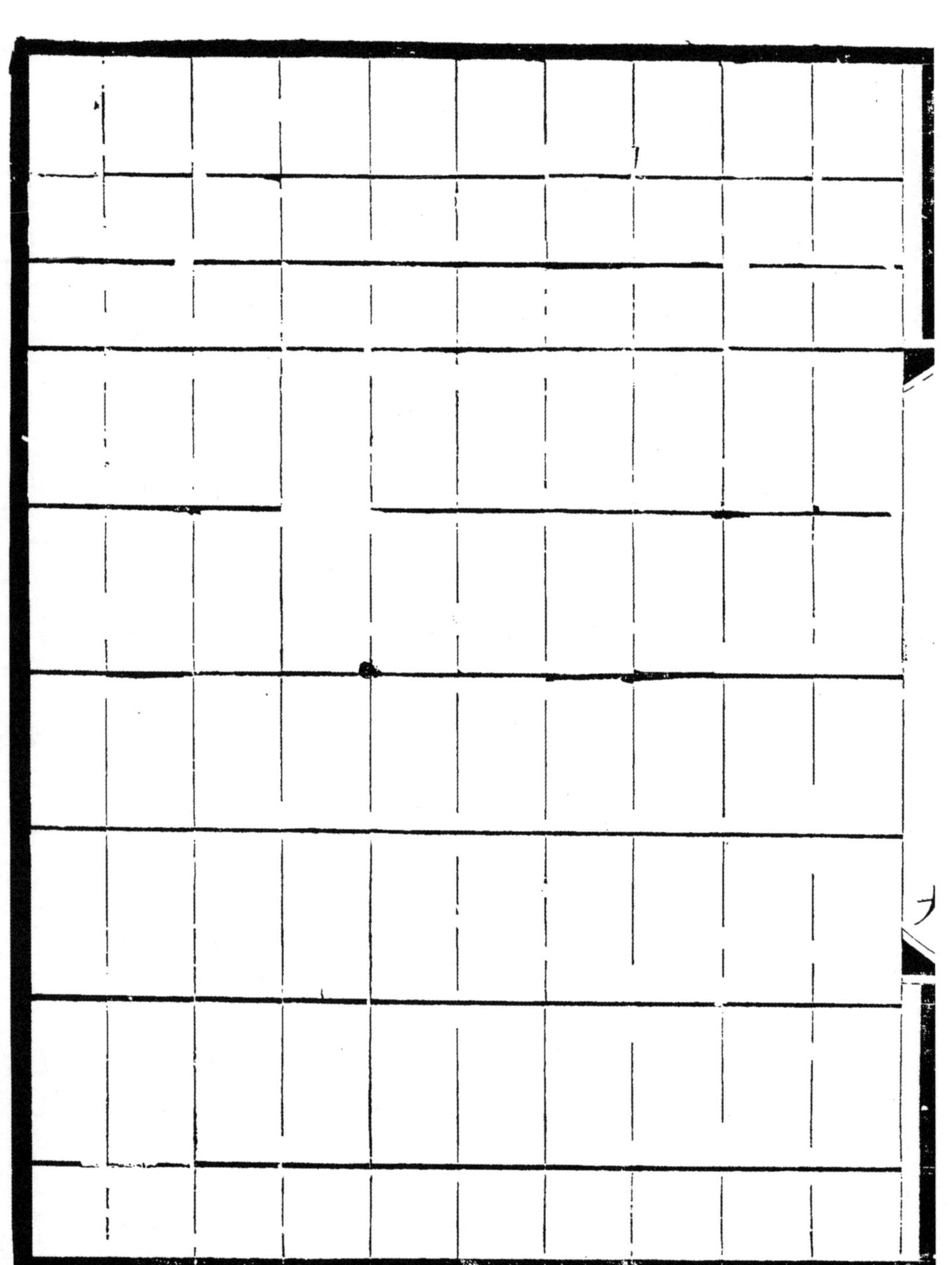

吉林府表三 七十二候日出日入時刻晝夜刻曚影刻

節候	日出	日入	晝	夜	曚影	節候
	時初正刻十分	時初正刻十分	十刻十分	十刻十分	十刻十分	
冬至上候	辰初二〇八	申正一〇七	三四一三	六一〇二	〇七〇五	冬至上候
冬至中候	辰初二〇八	申正一〇七	三四一四	六一〇一	〇七〇五	大雪下候
冬至下候	辰初二〇七	申正一〇八	三五〇二	六〇一三	〇七〇五	大雪中候
小寒上候	辰初二〇四	申正一一一	三五〇七	六〇〇八	〇七〇四	大雪上候
小寒中候	辰初二〇二	申正一一四	三五一二	六〇〇三	〇七〇三	小雪下候
小寒下候	辰初一一三	申正二〇三	三六〇六	五九〇九	〇七〇二	小雪中候
大寒上候	辰初一〇八	申正二〇七	三七〇〇	五九〇〇	〇七〇二	小雪上候

大寒中候	辰初一〇二	申正二三三	三七一〇	五八〇五	〇七〇〇	立冬下候
大寒下候	辰初初二二	申正三〇三	三八〇七	五七〇八	〇六一四	立冬中候
立春上候	辰初初〇五	申正三一〇	三九〇四	五六一一	〇六一三	立冬上候
立春中候	卯正三一四	酉初初〇二	四〇〇二	五五一三	〇六一二	霜降下候
立春下候	卯正三〇七	酉初初〇八	四一〇二	五四一四	〇六一二	霜降中候
雨水上候	卯正三〇〇	酉初一〇〇	四二〇〇	五四〇〇	〇六一一	霜降上候
雨水中候	卯正二〇八	酉初一〇七	四三〇〇	五三〇〇	〇六一〇	寒露下候
雨水下候	卯正二〇〇	酉初二〇〇	四三一四	五二〇一	〇六一〇	寒露中候
驚蟄上候	卯正二〇八	酉初二〇七	四四一四	五一〇一	〇六一〇	寒露上候
驚蟄中候	卯正一〇〇	酉初三〇〇	四六〇〇	五〇〇〇	〇六一〇	秋分下候

驚蟄下候	春分上候	春分中候	春分下候	清明上候	清明中候	清明下候	穀雨上候	穀雨中候	穀雨下候
卯正初〇八	卯正初〇〇	卯初三〇七	卯初三〇〇	卯初二〇七	卯初二〇〇	卯初一〇七	卯初一〇〇	卯初初〇八	卯初初〇一
酉初三〇七	酉正初〇〇	酉正初〇八	酉正一〇〇	酉正一〇八	酉正二〇〇	酉正二〇八	酉正三〇〇	酉正三〇七	酉正三一四
四七〇〇	四八〇〇	四九〇〇	五〇〇〇	五一〇一	五二〇一	五三〇〇	五四〇〇	五四一四	五五一三
四九〇〇	四八〇〇	四七〇〇	四六〇〇	四四一四	四三一四	四三〇〇	四二〇〇	四一〇一	四〇〇二
〇六一一	〇六一一	〇六一二	〇六一四	〇七〇〇	〇七〇二	〇七〇四	〇七〇七	〇七一〇	〇七一三
秋分中候	秋分上候	白露下候	白露中候	白露上候	處暑下候	處暑中候	處暑上候	立秋下候	立秋中候

立夏上候	寅正三一〇	戌初初〇五	五六一一	三九〇四	〇八〇一	立秋上候
立夏中候	寅正三〇三	戌初初一二	五七〇八	三八〇七	〇八〇五	大暑下候
立夏下候	寅正二一三	戌初一〇二	五八〇五	三七一〇	〇八〇九	大暑中候
小滿上候	寅正二〇七	戌初一〇八	五九〇〇	三七〇〇	〇八一三	大暑上候
小滿中候	寅正二〇三	戌初一一三	五九〇九	三六〇六	〇九〇二	小暑下候
小滿下候	寅正一一四	戌初二〇二	六〇〇二	三五一三	〇九〇六	小暑中候
芒種上候	寅正一一一	戌初二〇四	六〇〇八	三五〇七	〇九一〇	小暑上候
芒種中候	寅正一〇八	戌初二〇七	六〇一三	三五〇二	〇九一二	夏至下候
芒種下候	寅正一〇七	戌初二〇八	六一〇一	三四一四	〇九一四	夏至中候
夏至上候	寅正一〇七	戌初二〇八	六一〇二	三四一三	一〇〇〇	夏至上候

吉林府表四七十二候日昏

旦更點時刻

節	候		冬	至	上	候		
日躔 赤道	十宮 十度	十分 十秒	○○ ○○	○○ ○○				
昏旦	更點		初昏	起更	二更	三更	四更	五更
時 初正 刻 十分			酉正初一二	酉正一○七	戌正二○四	亥正三○一	子正三一四	寅初初一一

節	候		夏	至	上	候		
日躔 赤道	十宮 十度	十分 十秒	○○ ○六	○○ ○○				
昏旦	更點		初昏	起更	二更	三更	四更	五更
時 初正 刻 十分			亥初二○八	亥正初○八	亥正二○二	子初一一一	子正一○四	丑初初一三

冬至中候 ○○ ○五 二六 五六

攢點	平旦	初昏	起更	二更	三更	四更	五更	攢點	平旦
卯初一〇八	卯初三〇三	酉正初一二	酉正一〇七	戌正二〇四	亥正三〇一	子正三一四	寅初初一一	卯初一〇八	卯初三〇三

夏至中候 ○六 ○五 二六 五六

攢點	平旦	初昏	起更	二更	三更	四更	五更	攢點	平旦
丑初三〇七	丑正初〇七	亥初二〇八	亥正初〇七	亥正二〇二	子初一一一	子正一〇四	丑初初一三	丑初三〇八	丑正初〇七

節候		時刻	
冬	〇〇一〇	初昏	酉正初一三
至	五二五六	起更	酉正一〇八
下		二更	戌正二〇五
候		三更	亥正三〇二
		四更	子正三一三
		五更	寅初初一〇
		攢點	卯初一〇七
		平旦	卯初三〇二
小	〇〇一六	初昏	酉正一〇〇
寒	一七〇八	起更	酉正一一一
夏	〇六一〇	初昏	亥初二〇七
至	五二五六	起更	亥正初〇四
下		二更	亥正二〇一
候		三更	子初一一〇
		四更	子正一〇五
		五更	丑初初一四
		攢點	丑初三一一
		平旦	丑正初〇八
小	〇〇一六	初昏	亥初二〇四
暑	一七〇八	起更	亥初三一四

候	數	更	時刻
上候		二更	戌正二〇七
		三更	亥正三〇二
		四更	子正三一三
		五更	寅初初〇八
		攢點	卯初一〇四
		平旦	卯初三〇〇
小寒中候	〇〇	初昏	酉正一〇二
	二一	起更	酉正一一四
	三八	二更	戌正二〇八
	四二	三更	亥正三〇三

候	數	更	時刻
上候		二更	亥正一一四
		三更	子初一一〇
		四更	子正一〇五
		五更	丑初一〇一
		攢點	丑正初〇一
		平旦	丑正初一一
小暑中候	〇六	初昏	亥初二〇一
	二一	起更	亥初三〇七
	三八	二更	亥正一一三
	四二	三更	子初一〇九

小寒下候

〇二五五
〇六六八

四更	五更	攢點	平旦	初昏	起更	二更	三更	四更	五更
子正三二二	寅初初〇七	卯初一〇二	卯初二二三	酉正一〇五	酉正二〇三	戌正二一二	亥正三〇四	子正三一一	寅初初〇四

小暑下候

〇二五五
六六六八

四更	五更	攢點	平旦	初昏	起更	二更	三更	四更	五更
子正一〇六	丑初一〇二	丑正初〇八	丑正初一四	亥初一一二	亥初二一四	亥正一一〇	子初一〇八	子正一〇七	丑初一〇五

攢點	平旦	初昏	起更	二更	三更	四更	五更	攢點	平旦
卯初初一二	卯初二一〇	酉正一〇九	酉正二〇七	戌正二一三	亥正三〇四	子正三一一	寅初初〇二	卯初初〇八	卯初二〇六

大寒上候

大	寒
〇一〇二	一一二四

攢點	平旦	初昏	起更	二更	三更	四更	五更	攢點	平旦
丑正一〇一	丑正一〇三	亥初一〇八	亥初二〇六	亥正一〇八	子初一〇八	子正一〇七	丑初一〇七	丑正一〇七	丑正一〇九

大暑上候

大	暑
〇七〇二	一一二四

節氣	日數	更點	時刻
大	〇一〇七	初昏	酉正一一三
寒	二一三四	起更	酉正二一三
中		二更	戌正三〇二
候		三更	亥正三〇六
		四更	子正三〇九
		五更	丑正三一三
		攢點	卯初初〇二
		平旦	卯初二〇二
大	〇一一二	初昏	酉正二〇二
寒	二七一六	起更	酉正三〇三

節氣	日數	更點	時刻
大	〇七〇七	初昏	亥初一〇二
暑	二一三四	起更	亥初一一一
中		二更	亥正一〇四
候		三更	子初一〇六
		四更	子正一〇九
		五更	丑初一一一
		攢點	丑正一一三
		平旦	丑正二〇四
大	〇七一二	初昏	亥初初一二
暑	二七一六	起更	亥初一〇二

吉林通志卷十三

節候	附數	更點時刻
下候		二更戌正三〇五
		三更亥正三〇七
		四更子正三〇八
		五更丑正三一〇
		攢點寅正三一二
		平旦卯初一一三
立春上候	〇一 一七	初昏酉正二〇八
	二八 二五	起更酉正三一〇
		二更戌正三〇九
		三更亥正三〇八

節候	附數	更點時刻
下候		二更亥正一〇一
		三更子初一〇五
		四更子正一一〇
		五更丑初一一四
		攢點丑正二〇三
		平旦丑正二二三
立秋上候	〇七 一七	初昏亥初初〇五
	二八 二五	起更亥初初〇六
		二更亥正初一二
		三更子初一〇四

	立春中候		立秋中候	
四更		子正三○七		子正一一一
五更		丑正三○六		丑初二○三
攢點		寅正三○五		丑正二一○
平旦		卯初一○七		丑正三○九
初昏	○一二二	酉正二一三	○七二二	戌正三一二
起更	二五○五	戌初初○一	二五○五	戌正三一四
二更		戌正三一三		亥正初○八
三更		亥正三○九		子初一○三
四更		子正三○六		子正一一二
五更		丑正三一二		丑初二○七

立春下候

〇一　二七　一七　二七

攢點	寅正二一四
平旦	卯初一〇二
初昏	酉正三〇五
起更	戌初初〇八
二更	亥初初〇二
三更	亥正三一一
四更	子正三〇四
五更	丑正三一三
攢點	寅正二〇七
平旦	卯初初一〇

立秋下候

〇七　二七　一七　二七

攢點	丑正三〇一
平旦	寅初初〇三
初昏	戌正三〇二
起更	戌正三〇七
二更	亥正初〇四
三更	子初一〇一
四更	子正一一四
五更	丑初二一一
攢點	丑正三〇八
平旦	寅初初一三

節候	分	更點	時刻
雨	○二　○二	初昏	酉正三一一
水	○五　五○	起更	戌初一○○
上		二更	亥初初○六
候		三更	亥正三一二
		四更	子正三○三
		五更	丑正二○九
		攢點	寅正二○○
		平旦	卯初初○四
雨	○二　○六	初昏	戌初初○二
水	五○　三九	起更	戌初一○七

節候	分	更點	時刻
處	○八　○二	初昏	戌正二○七
暑	○五　五○	起更	戌正三○○
上		二更	亥正初○○
候		三更	子初一○○
		四更	子正二○○
		五更	丑初三○○
		攢點	寅初初○○
		平旦	寅初一○八
處	○八　○六	初昏	戌正一一二
暑	五○　三九	起更	戌正二○八

中	候					雨	水	下	候
						○二一一	三二二三		
二更	三更	四更	五更	攢點	平旦	初昏	起更	二更	三更
亥初初一○	亥正三一三	子正三○二	丑正二○五	寅正一○八	寅正三一三	戌初初一○	戌初二○○	亥初一○○	子初初○○

中	候					處	暑	下	候
						○八一一	三二二三		
二更	三更	四更	五更	攢點	平旦	初昏	起更	二更	三更
亥初三一一	子初初一四	子正二○一	丑正三○四	寅初初○七	寅初二○三	戌正一○二	戌正二○○	亥初三○六	子初初一二

				驚	蟄	上	候		
				○二一六	一一三四				
四更	五更	攢點	平旦	初昏	起更	二更	三更	四更	五更
子正三○○	丑正二○○	寅正一○○	寅正三○五	戌初一○二	戌初二○七	亥初一○四	子初初○一	子正二一四	丑正一一一
				白	露	上	候		
				○八一六	一一三四				
四更	五更	攢點	平旦	初昏	起更	二更	三更	四更	五更
子正二○三	丑初三○九	寅初一○○	寅初二一三	戌正初○八	戌正一○八	亥初三○二	子初初一一	子正二○四	丑初三一三

節候		攢點	平旦	初昏	起更	二更	三更	四更	五更	攢點	平旦
驚蟄中候	〇二 二〇 四八 四九	寅正初〇八	寅正二一三	戌初一一〇	戌初三〇〇	亥初一〇九	子初初〇三	子正二一二	丑正一〇六	寅正初〇〇	寅正二〇五
白露中候	〇八 二〇 四八 四九	寅初一〇七	寅初三〇七	戌初三一四	戌正一〇〇	亥初二一二	子初初〇九	子正二〇六	丑正初〇三	寅初二〇〇	寅正初〇一

驚	○二二五	初昏	戌初二○三
蟄	二四四四	起更	戌初三○七
下		二更	亥初一一三
候		三更	子初初○四
		四更	子正二一一
		五更	丑正一○二
		攢點	寅初三○八
		平旦	寅正一一二
春	○三○○	初昏	戌初二一一
分	○○○○	起更	戌正初○○
白	○八二五	初昏	戌初三○五
露	二四四四	起更	戌正初○八
下		二更	亥初二○八
候		三更	子初初○八
		四更	子正二○七
		五更	丑正初○七
		攢點	寅初二○七
		平旦	寅正初一○
秋	○九○○	初昏	戌初二一一
分	○○○○	起更	戌正初○○

上候　春分中候

〇二　〇四　三五　一六

節候	更點	時刻
上候	二更	亥初二〇三
	三更	子初初〇六
	四更	子正二〇九
	五更	丑正初一二
	攢點	寅初三〇〇
	平旦	寅正一〇四
春分中候	初昏	戌初三〇五
	起更	戌正初〇八
	二更	亥初二〇八
	三更	子初初〇八

上候　秋分中候

〇九　〇四　三五　一六

節候	更點	時刻
上候	二更	亥初二〇三
	三更	子初初〇六
	四更	子正二〇九
	五更	丑正初一二
	攢點	寅初三〇〇
	平旦	寅正一〇四
秋分中候	初昏	戌初二〇三
	起更	戌初三〇七
	二更	亥初一一三
	三更	子初初〇四

				春	分	下	候		
				○三 ○九	一一 一一				
四更	五更	攢點	平旦	初昏	起更	二更	三更	四更	五更
子正二○七	丑正初○七	寅初二○七	寅正初一○	戌初三一四	戌正一○○	亥初二一二	子初初○九	子正二○六	丑正初○三
				秋	分	下	候		
				○九 ○九	一一 一一				
四更	五更	攢點	平旦	初昏	起更	二更	三更	四更	五更
子正二一一	丑正一○二	寅初三○八	寅正一一二	戌初一一○	戌初三○○	亥初一○九	子初初○三	子正二一二	丑正一○六

吉林通志卷十三

清明上候

一〇 三三	二四 六八

攢點	平旦	初昏	起更	二更	三更	四更	五更	攢點	平旦
寅初二〇〇	寅正初〇一	戌正初〇八	戌正一〇八	亥初三〇二	子初初一一	子正二〇四	丑初三一三	寅初一〇七	寅初三〇七

寒露上候

一〇 三九	二四 六八

攢點	平旦	初昏	起更	二更	三更	四更	五更	攢點	平旦
寅正初〇〇	寅正二〇五	戌初一〇二	戌初二〇七	亥初一〇四	子初初〇一	子正二一四	丑正一一一	寅正初〇八	寅正二一三

節候	數	時	刻分
清	○三 一八	初昏	戌正一○二
明	二七 三七	起更	戌正二○○
中		二更	亥初三○六
候		三更	子初初一二
		四更	子正二○三
		五更	丑初三○九
		攢點	寅初一○○
		平旦	寅初二二三
清	○三 二三	初昏	戌正一一二
明	○九 二一	起更	戌正二○八

節候	數	時	刻分
寒	○九 一八	初昏	戌初初一○
露	二七 三七	起更	戌初二○○
中		二更	亥初二○○
候		三更	子初初○○
		四更	子正三○○
		五更	丑正二○○
		攢點	寅正一○○
		平旦	寅正三○五
寒	○九 二三	初昏	戌初初○二
露	○九 二一	起更	戌初一○七

下	候					穀	雨	上	候
						○三二七	五四一○		
二更	三更	四更	五更	攢點	平旦	初昏	起更	二更	三更
亥初三一一	子初初一四	子正二○一	丑初三○四	寅初初○七	寅初二○三	戌正二○七	戌正三○○	亥正初○○	子正一○○
下	候					霜	降	上	候
						○九二七	五四一○		
二更	三更	四更	五更	攢點	平旦	初昏	起更	二更	三更
亥初初一○	亥正三一三	子正三○二	丑正二○五	寅正一○八	寅正三一三	酉正三一一	戌初一○○	亥初初○六	亥正三一二

四更	五更	攢點	平旦	初昏	起更	二更	三更	四更	五更
				穀雨中候					
				○四○二	四二三三				
子正二〇〇	丑初三〇〇	寅初初〇〇	寅初一〇八	戌正三〇二	戌正三〇七	亥正初〇四	子初一〇一	子正一一四	丑初二一一

四更	五更	攢點	平旦	初昏	起更	二更	三更	四更	五更
				霜降中候					
				一〇〇二	四二三三				
子正三〇三	丑正二〇九	寅正二〇〇	卯初初〇四	酉正三〇五	戌初初〇八	亥初初〇二	亥正三一一	子正三〇四	丑正三一三

攢點	平旦	初昏	起更	二更	三更	四更	五更	攢點	平旦
丑正三〇八	寅初初一三	戌正三一二	戌正三一四	亥正初〇八	子初一〇三	子正一一二	丑初二〇七	丑正三〇一	寅初初〇三

穀雨下候

五三〇〇
五四七四

攢點	平旦	初昏	起更	二更	三更	四更	五更	攢點	平旦
寅正二〇七	卯初初一〇	酉正二一三	戌初初〇一	戌正三一三	亥正三〇九	子正三〇六	丑正三一二	寅正二一四	卯初一〇二

霜降下候

五三〇一
五四七〇

立夏上候	
○四 一二 三一 三五	
初昏	亥初初○五
起更	亥初初○六
二更	亥正初一二
三更	子初一○四
四更	子正一一一
五更	丑初二○三
攢點	丑正二一○
平旦	丑正三○九
立夏 ○四 一七 三二 四四	
初昏	亥初初一二
起更	亥初一○二

立冬上候	
一○ 一二 三一 三五	
初昏	酉正二○八
起更	酉正三一○
二更	戌正三○九
三更	亥正三○八
四更	子正三○七
五更	丑正三○六
攢點	寅正三○五
平旦	卯初一○七
立冬 一○ 一七 三二 四四	
初昏	酉正二○二
起更	酉正三○三

中	候					立	夏	下	候
						二○ 二四	二三 六八		
二更	三更	四更	五更	攢點	平旦	初昏	起更	二更	三更
亥正一○一	子初一○五	子正一一○	丑初一一四	丑正二○三	丑正二二三	亥初一○二	亥初一一一	亥正一○四	子初一○六
中	候					立	冬	下	候
						二一 二○	二三 六八		
二更	三更	四更	五更	攢點	平旦	初昏	起更	二更	三更
戌正三○五	亥正三○七	子正三○八	丑正三一○	寅正三一二	卯初一一三	酉正一一三	酉正二一三	戌正三○二	亥正三○六

小滿上候

〇四 二七 四八 三六

更點	時刻
四更	子正一〇九
五更	丑初一一一
攢點	丑正一一三
平旦	丑正二〇四
初昏	亥初一〇八
起更	亥初二〇六
二更	亥正一〇八
三更	子初一〇八
四更	子正一〇七
五更	丑初一〇七

小雪上候

一〇 二七 四八 三六

更點	時刻
四更	子正三〇九
五更	丑正三一三
攢點	卯初初〇二
平旦	卯初二〇二
初昏	酉正一〇九
起更	酉正二〇七
二更	戌正二二三
三更	亥正三〇四
四更	子正三一一
五更	寅初初〇二

小滿中候

○五　○三　○三　○二

攢點	丑正一○七
平旦	丑正一○九
初昏	亥初一一○
起更	亥初一一二
二更	亥初二一四
三更	子初一○八
四更	子正一○七
五更	丑初一○五
攢點	丑正一○一
平旦	丑正一○三

小雪中候

一一　○三　○三　○二

攢點	卯初初○八
平旦	卯初二○六
初昏	酉正一○五
起更	酉正二○三
二更	戌正二一一
三更	亥正三○四
四更	子正三一一
五更	寅初初○四
攢點	卯初初一二
平旦	卯初二一○

小滿下候							芒種	
○五 ○八	二一 一八						○五 一三	四二 五二

初昏	起更	二更	三更	四更	五更	攢點	平旦	初昏	起更
亥初二○一	亥初三○七	亥正一一三	子初一○九	子正一○六	丑初一○二	丑正初○八	丑正初一四	亥初二○四	亥初三一四

小雪下候							大雪	
一一 ○八	二一 一八						一一 一三	四二 五二

初昏	起更	二更	三更	四更	五更	攢點	平旦	初昏	起更
酉正一○二	酉正一一四	戌正二○八	亥正三○三	子正三二二	寅初初○七	卯初一○一	卯初二一三	酉正一○○	酉正一一一

上	候					芒	種	中	候
						一〇 九五	〇〇 四七		
二更	三更	四更	五更	攢點	平旦	初昏	起更	二更	三更
亥正一一四	子初一一〇	子正一〇五	丑初一〇一	丑正初〇一	丑正初一一	亥初二〇七	亥正初〇四	亥正二〇一	子初一一〇

上	候					大	雪	中	候
						一一 九一	〇〇 四七		
二更	三更	四更	五更	攢點	平旦	初昏	起更	二更	三更
戌正二〇七	亥正三〇二	子正三一三	寅初初〇八	卯初一〇四	卯初三〇〇	酉正初一三	酉正一〇八	戌正二〇五	亥正三〇二

芒種下候	○五	二四	三三	○四
四更	子正	一	○	五
五更	丑初	初	一	四
攢點	丑初	三	一	一
平旦	丑正	初	○	八
初昏	亥初	二	○	八
起更	亥正	初	○	七
二更	亥正	二	○	二
三更	子初	一	一	一
四更	子正	一	○	四
五更	丑初	初	一	三

大雪下候	一一	二四	三三	○四
四更	子正	三	一	三
五更	寅初	初	一	○
攢點	卯初	一	○	七
平旦	卯初	三	○	二
初昏	酉正	初	一	二
起更	酉正	一	○	七
二更	戌正	二	○	四
三更	亥正	三	○	一
四更	子正	三	一	四
五更	寅初	初	一	一

攢點丑初三〇八
平旦丑正初〇七

攢點卯初一〇八
平旦卯初三〇三

寧古塔表一 二十四節氣日午正太陽高度及立表卧表景長○表高五尺

節氣				冬至日			小寒日			大寒日		
日躔	宮	十	度	丑	○	初	丑	一	五	子	○	初
實高	十度	十分	十秒	二一	四五	○○	二二	三五	四四	二五	○二	四四
半徑差角	秒			八			八			八		
視高	十度	十分	十秒	二一	四四	五二	二二	三五	三六	二五	○二	三六
視半徑		十分	十秒		一六	二二		一六	二三		一六	二二
上邊視高	十度	十分	十秒	二二	○一	一四	二二	五一	五九	二五	一八	五八
立表平景	丈尺	寸分	釐毫	一二	三六	三八	一一	八五	七○	一○	五六	九九
下邊視高	十度	十分	十秒	二一	二八	三○	二二	一九	一三	二四	四六	一四
卧表倒景	丈尺	寸分	釐毫	○二	九六	七○	○二	○五	二七	○二	三○	七二
日躔	宮	十	度	丑	○	初	寅	一	五	寅	○	初
節氣				冬至日			大雪日			小雪日		

立春日			雨水日			驚蟄日			春分日			清明日		
子	一	五	亥	○	初	亥	一	五	戌	○	初	戌	一	五
二八	五二	○三	三三	四四	二七	三九	一八	四九	四五	一四	○○	五一	○九	一一
	七			七			六			六			五	
二八	五一	五六	三三	四四	二○	三九	一八	四三	四五	一三	五四	五一	○九	○六
	一六	二○		一六	一七		一六	二三		一六	○九		一六	○五
二九	○八	一六	三四	○○	三七	三九	三四	五六	四五	三○	○三	五一	二五	一一
○八	九六	九三	○七	四○	九九	○六	○四	七八	○五	○八	八二	○三	九八	八六
二八	二五	三六	三三	二八	○三	三九	○二	三○	四四	五七	四五	五○	五三	○一
○二	七二	五三	○二	三○	五四	○四	○五	四九	○四	九九	三五	○六	一四	八九
卯	一	五	卯	○	初	辰	一	五	辰	○	初	巳	一	五
立冬日			霜降日			寒露日			秋分日			白露日		

節氣	一	二	三	四	五	六	七	八	九	十	節氣
穀雨日	酉	五六		五六		五六	〇三	五六	〇七	巳	處暑日
	〇 初	四三 三三	四	四三 二九	一六 〇一	五九 三〇	二四 八一	二七 二八	五四 二一	〇 初	
立夏日	酉	六一		六一		六一	〇二	六一	〇九	午	立秋日
	一 五	三五 五七	四	三五 五三	一五 五七	五一 五〇	六七 三八	一九 五六	一四 四九	一 五	
小滿日	申	六五		六五		六五	〇二	六五	一〇	午	大暑日
	〇 初	二五 一六	三	二五 一三	一五 五四	四一 〇七	二五 九〇	〇九 一九	八〇 〇一	〇 初	
芒種日	申	六七		六七		六八	〇二	六七	二二	未	小暑日
	一 五	五二 一六	三	五二 一三	一五 五一	〇八 〇四	〇〇 六五	三五 二二	二二 四六	一 五	
夏至日	未	六八		六八		六八	〇一	六八	二二	未	夏至日
	〇 初	四三 〇〇	三	四二 五七	一五 五〇	五八 四七	九二 一四	二七 〇七	六六 二一	〇 初	

吉林通志卷十二　表

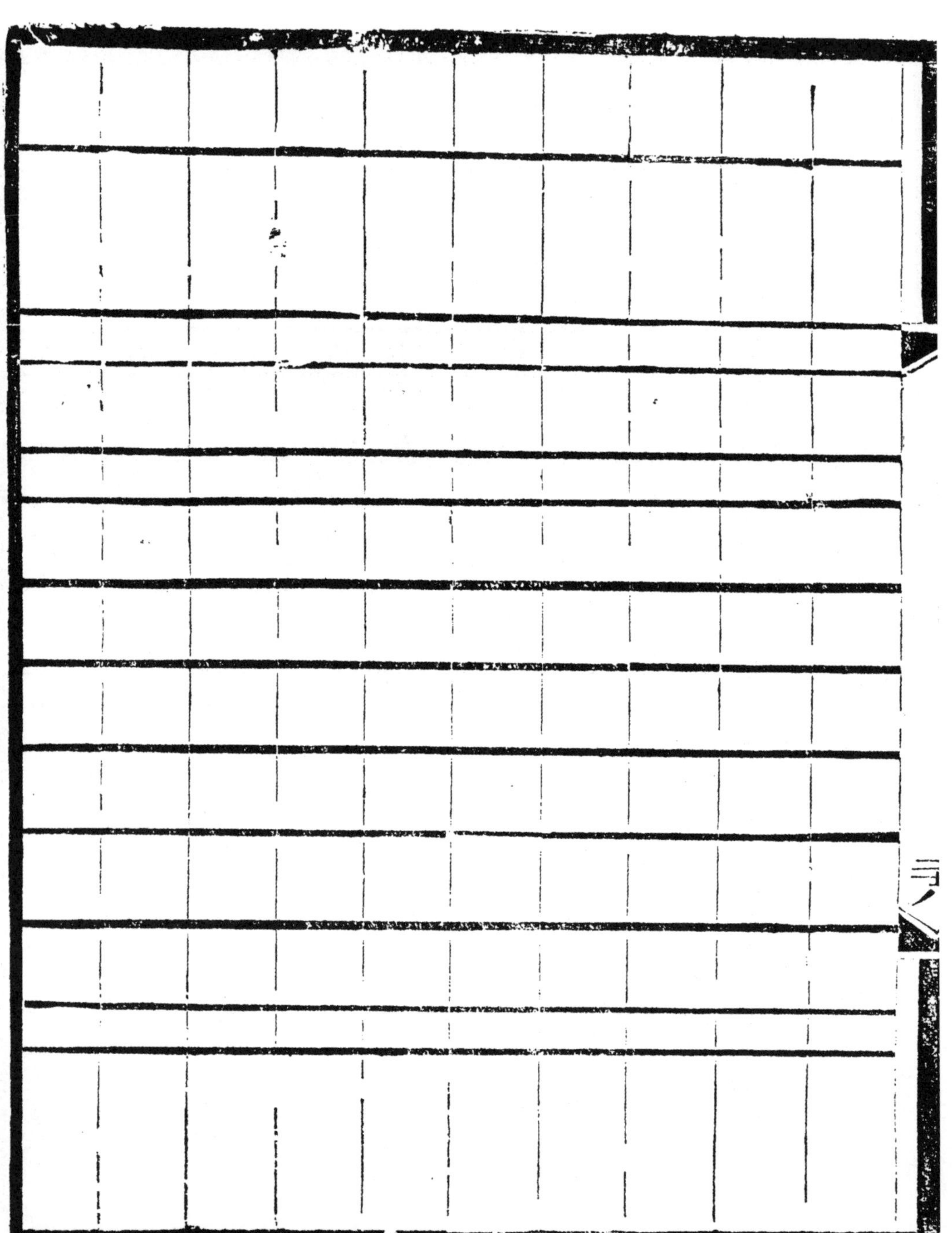

甯古塔表二十二月中氣日逐時太陽上邊視高度太陽平景方位偏度及景長

○此篇專爲造日晷而設故立五分高之表以取景其景長僅當前表百分之一

中氣		十一月冬至日			十二月大寒日	
時正		辰申正	巳未正	午正	辰申正	巳未正	午正
太陽上邊視高	十度 十分 十秒	○二 五○ 四八	一七 五九 二四	二二 ○一 一四	○四 一四 三八	一九 三二 一四	二五 一八 五八
太陽方位		正東西偏南	正南偏東西	正南	正東西偏南	正南偏東西	正南
太陽平景偏度	十度 十分 十秒	三七 一九 五六	二八 三三 五八		三五 一七 五七	二九 五一 五六	
平景方位		正西東偏北	正北偏西東	正北	正西東偏北	正北偏西東	正北
立表平景	尺寸分釐毫	一○○六五	○二五四○	○二三三六	○六七三八	○二四○九	○二○五七
中氣		十一	月冬	至日	十月	小雪	日

吉林通志卷十三 二

正月	辰正申正	一二 一五 ○八	正東西偏南	二九 四九 三八	正西東偏北	○二三○二	九月
雨水	巳正未正	二七 四七 五六	正南偏東西	三四 一二 三○	正北偏西東	○○九四八	霜降
日	午正	三四 ○○ 三七	正南		正北	○○八九七	日
二月	辰正申正	二一 ○三 三七	正東西偏南	二三 ○七 三二	正西東偏北	○二九八	八月
春分	巳正未正	三八 一二 三三	正南偏東西	三九 二○ 四七	正北偏西東	○○六六五	秋分
日	午正	四五 三○ ○三	正南		正北	○○五○九	日
三月	卯正酉正	○八 一九 五三	正東西偏北	○八 一一 五○	正西東偏南	○三四一五	七月
穀雨	辰正申正	二九 二九 一一	正東西偏南	一三 二九 二六	正西東偏北	○○八八四	處暑
日	巳正未正	四八 一四 二三	正東西偏南	四二 五七 一八	正西東偏北	○○四四七	日
	午正	五六 五九 三○	正南		正北	○○三三五	

四月	小滿	日		五月	夏至	日			
卯酉正	辰申正	巳未正	午正	卯酉正	辰申正	巳未正	午正		
一四一九四七	三五二六五五	五五二六○九	六五四一○七	一六三三二七	三七三四四五	五七五三一五	六八五八四七		
正東西偏北	正東西偏南	正東西偏南	正南	正東西偏北	正東西偏南	正東西偏南	正南		
一四三七五○	○六○○○九	三四五四○六		一七○八一四	○二一三○七	三一○三五七			
正西東偏南	正西東偏北	正西東偏北	正北	正西東偏南	正西東偏北	正西東偏北	正北		
○一九五八	○○七○一	○○三四四	○○一二六	○一六八二	○○六五○	○○三四	○○一九二		
六月	大暑	日		五月	夏至	日			

吉林通志卷十三

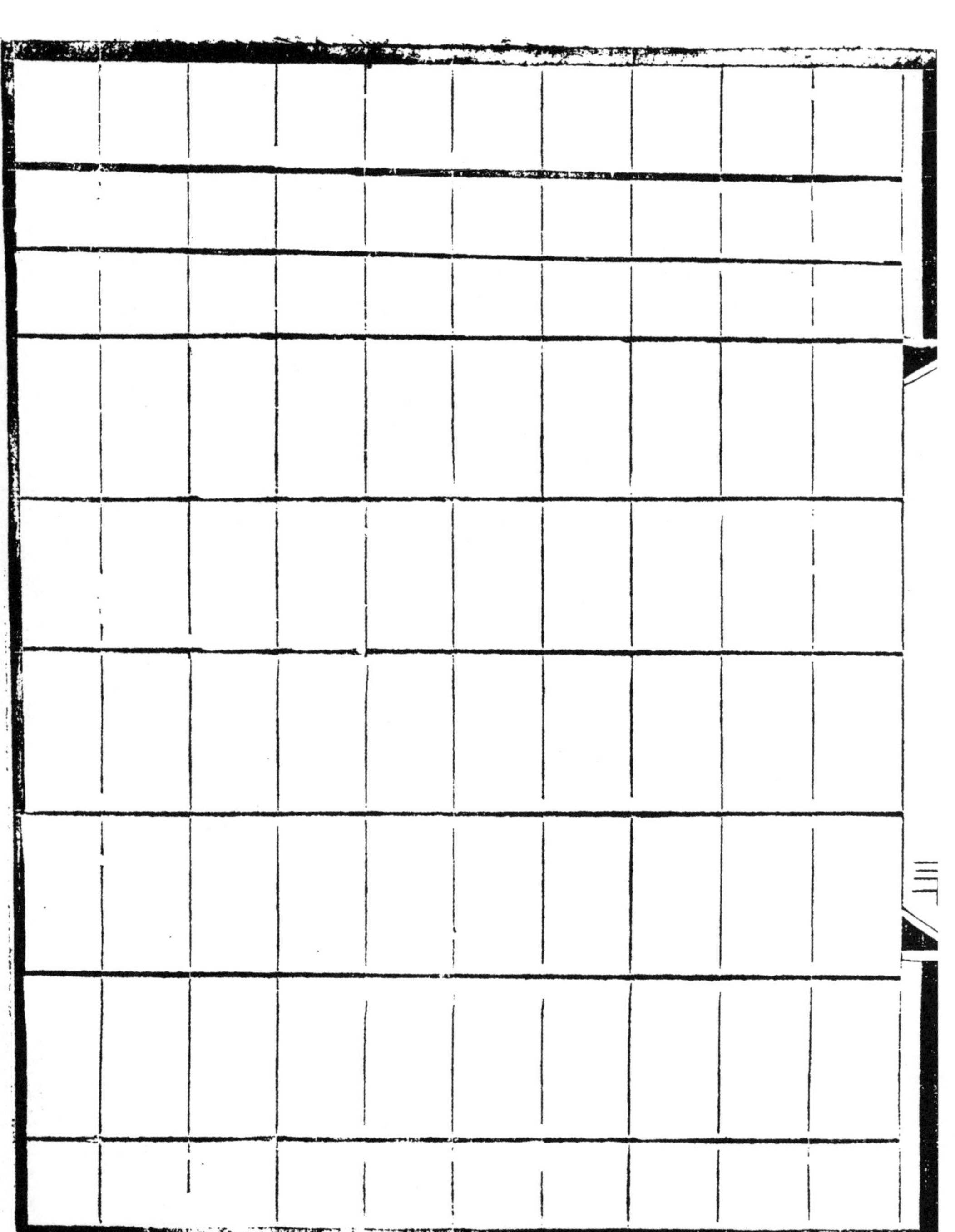

甯古塔表三 二十四節氣日出日入時刻晝夜刻朦影刻

節氣	日出	日入	晝	夜	朦影	節氣
	時初正刻十分	時初正刻十分	十刻十分	十刻十分	十刻十分	
冬至	辰初二一二	申正一〇三	三四〇六	六一〇九	〇七〇七	冬至
小寒	辰初二〇八	申正一〇七	三五〇〇	六一〇〇	〇七〇六	大雪
大寒	辰初一一一	申正二〇四	三六〇九	五九〇六	〇七〇三	小雪
立春	辰初初〇八	申正三〇七	三九〇〇	五七〇〇	〇七〇〇	立冬
雨水	卯正三〇二	酉初初一三	四一一三	五四〇二	〇六一三	霜降
驚蟄	卯正一〇九	酉初二〇六	四四一三	五一〇二	〇六一二	寒露
春分	卯正初〇〇	酉正初〇〇	四八〇〇	四八〇〇	〇六一三	秋分

清明	穀雨	立夏	小滿	芒種	夏至
卯初二〇六	卯初初一三	寅正三〇七	寅正二〇四	寅正一〇七	寅正一〇三
酉正一〇九	酉正三〇二	戌初初〇八	戌初一一一	戌初二〇八	戌初二一二
五一〇二	五四〇三	五七〇〇	五九〇六	六一〇〇	六一〇九
四四一三	四一一二	三九〇〇	三六〇九	三五〇〇	三四〇六
〇七〇二	〇七〇九	〇八〇五	〇九〇三	一〇〇一	一〇〇七
白露	處暑	立秋	大暑	小暑	夏至

甯古塔表四 二十四節氣日昏旦更點時刻

節氣	冬至日					
日躔赤道	十宮	十度	十分	十杪	○○ ○○	○○ ○○
昏旦更點	初昏	起更	二更	三更	四更	五更
時	酉	酉	戌	亥	子	寅
初正	正	正	正	正	正	初
刻	初	一	二	三	三	初
十分	一○	○三	○二	○一	一四	一三

節氣	夏至日					
日躔赤道	十宮	十度	十分	十杪	○○ ○六	○○ ○○
昏旦更點	初昏	起更	二更	三更	四更	五更
時	亥	亥	亥	子	子	丑
初正	初	正	正	初	正	初
刻	二	一	二	一	一	初
十分	一二	○四	○四	一一	○四	一一

小寒日

〇一一〇
〇六七八

攢點	平旦	初昏	起更	二更	三更	四更	五更	攢點	平旦
卯初一一二	卯初三〇五	酉正初一三	酉正一〇七	戌正二〇四	亥正三〇一	子正三一四	寅初初一一	卯初一〇八	卯初三〇二

小暑日

〇一一〇
六六七八

攢點	平旦	初昏	起更	二更	三更	四更	五更	攢點	平旦
丑初二一一	丑正初〇三	亥初二〇八	亥正初〇九	亥正二〇三	子初一一一	子正一〇四	丑初初一三	丑初三〇六	丑正初〇七

大	寒	日						立	春
○○ 二一	二一 二 四一							一○ 七一	二二 二二 五八
初昏	起更	二更	三更	四更	五更	攢點	平旦	初昏	起更
酉正一○七	酉正二○四	戌正二一一	亥正三○四	子正三一一	丑正三○四	卯初初一一	卯初二○八	酉正二○七	酉正三○七
大	暑	日						立	秋
○○ 二七	二一 二 四一							一○ 七七	二二 二二 五八
初昏	起更	二更	三更	四更	五更	攢點	平旦	初昏	起更
亥初一一一	亥初二一四	亥正一一○	子初一○八	子正一○七	丑初一○五	丑正一○一	丑正一○四	亥初初○八	亥初初一三

日	
二更	戌正三○七
三更	亥正三○七
四更	子正三○八
五更	丑正三○八
攢點	寅正三○八
平旦	卯初一○八
雨 ○二 ○二	初昏 酉正三一一
水 ○五 五○	起更 戌初初一三
日	二更 亥初初○五
	三更 亥正三一二
日	
二更	亥正初一四
三更	子初一○五
四更	子正一一○
五更	丑初二○一
攢點	丑正二○七
平旦	丑正三○二
處 ○八 ○二	初昏 戌正二一一
暑 ○五 五○	起更 戌正三○二
日	二更 亥正初○一
	三更 子初一○○

驚蟄日

○二 一六 一一 三四

更點	時刻
四更	子正三○三
五更	丑正二一○
攢點	寅正二○二
平旦	卯初初○四
初昏	戌初一○三
起更	戌初二○六
二更	亥初一○四
三更	子初初○一
四更	子正二一四
五更	丑正一一一

白露日

○八 一六 一一 三四

更點	時刻
四更	子正一一五
五更	丑初二一四
攢點	丑正三一三
平旦	寅初一○四
初昏	戌正初一一
起更	戌正一○九
二更	亥初三○五
三更	子初一○二
四更	子正二一三
五更	丑正初一○

春分日

○三
○○
○○
○○

攢點	平旦	初昏	起更	二更	三更	四更	五更	攢點	平旦
寅正初○九	寅正一一二	戌初二一三	戌正初○○	亥初二○三	子初初○六	子正二○九	丑正初一二	寅初三○○	寅正一○二

秋分日

○九
○○
○○
○○

攢點	平旦	初昏	起更	二更	三更	四更	五更	攢點	平旦
寅初一○六	寅初三○四	戌初二一三	戌正初○○	亥初二○三	子初初○六	子正二○九	丑正初一二	寅初三○○	寅正一○二

清	明	日						穀	雨
○三一三	四八二六							○三二七	五四一○
初昏	起更	二更	三更	四更	五更	攢點	平旦	初昏	起更
戌正初一一	戌正一○九	亥初三○五	子初一○二	子初二一三	丑正初一○	寅初一○六	寅初三○四	戌正二一一	戌正三○二
寒	露	日						霜	降
○九一三	四八二六							○九二七	五四一○
初昏	起更	二更	三更	四更	五更	攢點	平旦	初昏	起更
戌初一○三	戌初二○六	亥初一○四	子初初○一	子正二一四	丑正一一一	寅正初○九	寅正一一二	酉正三一一	戌初初一三

日

二更亥正初○一
三更子初一○○
四更子正一一五
五更丑初二一四
攢點丑正三一三
平旦寅初一○四

立夏日
○二三三
四二一五

初昏亥初初○八
起更亥初初一三
二更亥正初一四
三更子初一○五

日

二更亥初初○五
三更亥正三一二
四更子正三○三
五更丑正二一○
攢點寅正二○二
平旦卯初初○四

立冬日
一二三三
○二一五

初昏酉正二○七
起更酉正三○七
二更戌正三○七
三更亥正三○七

節氣	時刻	時	數
小滿日			○四 二七 四八 三六
	四更	子正	一一○
	五更	丑初	二○一
	攢點	丑正	二○七
	平旦	丑正	三○二
	初昏	亥初	一一一
	起更	亥初	二一四
	二更	亥正	一一○
	三更	子初	一○八
	四更	子正	一○七
	五更	丑初	一○五
小雪日			一○ 二七 四八 三六
	四更	子正	三○八
	五更	丑正	三○八
	攢點	寅正	三○八
	平旦	卯初	一○八
	初昏	酉正	一○七
	起更	酉正	二○四
	二更	戌正	二一一
	三更	戌正	三○四
	四更	子正	三一一
	五更	丑正	三○四

吉林通志卷十三 表

		芒	種	日					
		○五一三	四二五二						
攢點	平旦	初昏	起更	二更	三更	四更	五更	攢點	平旦
丑正一○一	丑正一○四	亥初二○八	亥正初○九	亥正二○二	子初一一一	子正一○四	丑初初一三	丑初三○六	丑正初○七
		大	雪	日					
		一一一三	四二五二						
攢點	平旦	初昏	起更	二更	三更	四更	五更	攢點	平旦
卯初初一一	卯初二○八	酉正初一三	酉正一○七	戌正二○四	亥正三○一	子正三一四	寅初初一一	卯初一○八	卯初三○二

三姓表一　二十四節氣日午正太陽高度及立表臥表景長○表高五尺

節氣		冬至日	小寒日	大寒日
日躔	宮 十度	丑 ○初	丑 一五	子 ○初
實高	十度 十分 十秒	一九 一一 ○○	二○ ○一 四四	二二 二八 四四
半徑差角	秒	八	八	八
視高	十度 十分 十秒	一九 一○ 五二	二○ ○一 三六	二二 二八 三六
視半徑	十分 十秒	一六 二二	一六 二三	一六 二二
上邊視高	十度 十分 十秒	一九 二七 一四	二○ 一七 五九	二二 四四 五八
立表平景	丈尺 寸分 釐毫	一四 一五 五八	一三 五一 七○	一一 九二 四○
下邊視高	十度 十分 十秒	一八 五四 三○	一九 四五 一三	二二 一二 一四
臥表倒景	丈尺 寸分 釐毫	○一 七一 二七	○一 七九 五五	○二 ○四 ○九
日躔	宮 十度	丑 ○初	寅 一五	寅 ○初
節氣		冬至日	大雪日	小雪日

立春日	子	二	六		二	六			二	六	○	九	二	六	○	二	卯	立冬日
	一	一	八	七	一	七	一	六	三	四	九	九	○	一	四	四	一	
	五	○	三		五	六	二	○	一	六	七	一	三	六	一	五	五	
雨水日	亥	三	一		三	一			三	一	○	八	三	○	○	二	卯	霜降日
	○	一	○	七	一	○	一	六	二	六	一	七	五	四	九	九	○	
	初	二	七		二	○	一	七	三	七	七	三	○	三	二	五	初	
驚蟄日	亥	三	六		三	六			三	七	○	六	三	六	○	三	辰	寒露日
	一	四	四	六	四	四	一	六	○	○	六	三	二	八	六	九	一	
	五	四	九		四	三	二	三	五	六	一	五	三	○	六	四	五	
春分日	戌	四	三		四	二			四	二	○	五	四	二	○	四	辰	秋分日
	○	四	○	六	三	九	一	六	五	六	三	七	二	三	五	六	○	
	初	○	○		五	四	○	九	○	三	四	二	四	六	五	○	初	
清明日	戌	四	八		四	八			四	八	○	四	四	八	○	五	巳	白露日
	一	三	五	五	三	五	一	六	五	一	三	六	一	九	六	一	一	
	五	一	一		○	六	○	五	一	一	九	○	○	一	五	二	五	

穀雨日		立夏日		小滿日		芒種日		夏至日	
酉	〇初	酉	一五	申	〇初	申	一五	未	〇初
五四	〇九三三	五九	〇一五七	六二	五一一六	六五	一八一六	六六	〇九〇〇
	四		四		三		三		三
五四	〇九二九	五九	〇一五三	六二	五一一三	六五	一八一三	六六	〇八五七
	一六〇一		一五五七		一五五四		一五五一		一五五〇
五四	二五三〇	五九	一七五〇	六三	〇七〇七	六五	三四〇四	六六	二四四七
〇三	五七六四	〇二	九六九一	〇二	五三四六	〇二	二七一五	〇二	一八三二
五三	五三二八	五八	四五五六	六二	三五一九	六五	〇二二二	六五	五三〇七
〇六	八五四五	〇八	二四五〇	〇九	六四一三	一〇	七四一四	一一	一六九九
巳	〇初	午	一五	午	〇初	未	一五	未	〇初
處暑日		立秋日		大暑日		小暑日		夏至日	

吉林通志卷十二

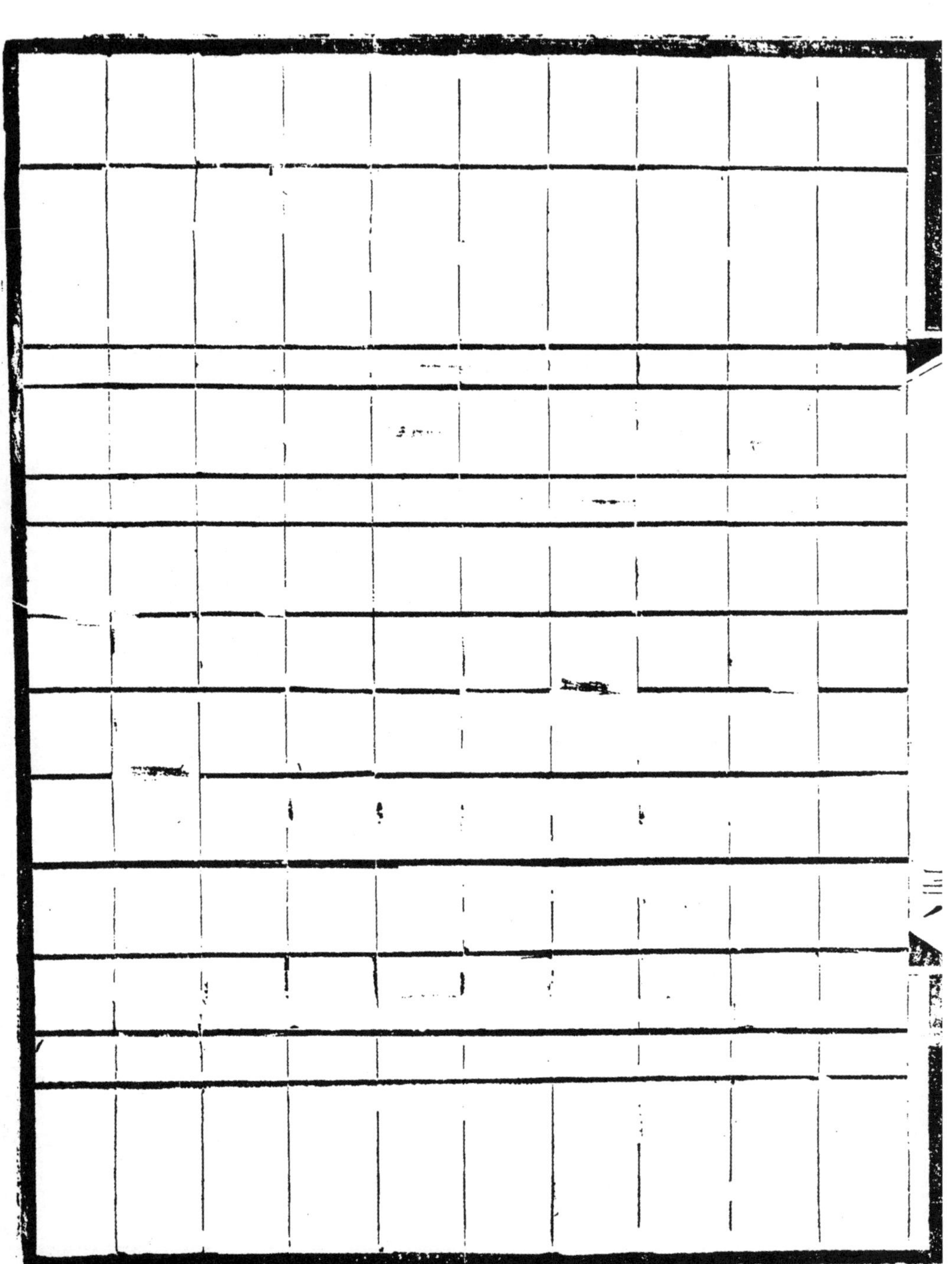

三姓表二十二月中氣日逐時太陽上邊視高度太陽平景方位偏度及景長○此篇專爲造日晷而設故立五分高之表以取景其景長僅當前表百分之一

中氣	時正	太陽上邊視高（十度）	（十分）	（十秒）	太陽方位	太陽平景偏度（十度）	（十分）	（十秒）	平景方位	立表平景（尺寸分釐毫）	
十一月冬至日	辰申正	○一	一七	二四	正東西偏南	三七	二三	五七	正西東偏北	三三○四	十一月冬至日
	巳未正	一四	二八	一六	正南偏東西	二八	一三	五五	正北偏西東	○一九三七	
	午正	一九	二七	一四	正南				正北	○一四一六	
十二月大寒日	辰申正	○三	五七	二六	正東西偏南	三五	二七	四一	正西東偏北	○七二二八	十月小雪日
	巳未正	一七	三三	二○	正南偏東西	二九	二六	一七	正北偏西東	○一五八○	
	午正	二三	四四	五八	正南				正北	○二一九二	

正月	雨水	日	二月	春分	日	三月	穀雨	日	
辰申正	巳未正	午正	辰申正	巳未正	午正	卯酉正	辰申正	巳未正	午正
一〇五七四八	二五三九〇六	三一二六三七	二〇〇四三一	三六一二二五	四二五六〇三	〇八四一二五	二八五一二九	四六二七二九	五四二五三〇
正東西偏南	正南偏東西	正南	正東西偏南	正南偏東西	正南	正東西偏北	正東西偏南	正東西偏南	正南
二〇一六一一	三三五〇三二		二三〇〇一〇	三八〇八一八		〇七五〇四三	一四五一五四	四四五六三五	
正西東偏北	正北偏西東	正北	正西東偏北	正北偏西東	正北	正西東偏南	正西東偏北	正西東偏北	正北
〇二五八一	〇一〇四一	〇〇八一八	〇二三六八	〇〇六八三	〇〇五三七	〇三一七一	〇〇九〇七	〇〇四七五	〇〇三五八
九月	霜降	日	八月	秋分	日	七月	處暑	日	

節氣	時刻	度分秒	方位	度分秒	方位	數	節氣
四月	卯酉正	一四五七四九	正東西偏北	一三五九三四	正西東偏南	○二八七二	六月
小滿	辰申正	三五○八二五	正東西偏南	○七四七二一	正西東偏北	○○七一○	大暑
日	巳未正	五三五一一九	正東西偏南	三七四六五九	正西東偏北	○○三六五	日
	午正		正南	六三○七○七	正北	○○二五三	
五月	卯酉正	一七一八○五	正東西偏北	一六二四二五	正西東偏南	○二六○五	五月
夏至	辰申正	三七二四二三	正東西偏南	○四四九五四	正西東偏北	○○六五四	夏至
日	巳未正	五六二九五五	正東西偏南	三四二四○二	正西東偏北	○○三三二	日
	午正	六六二四四七	正南		正北	○○二一八	

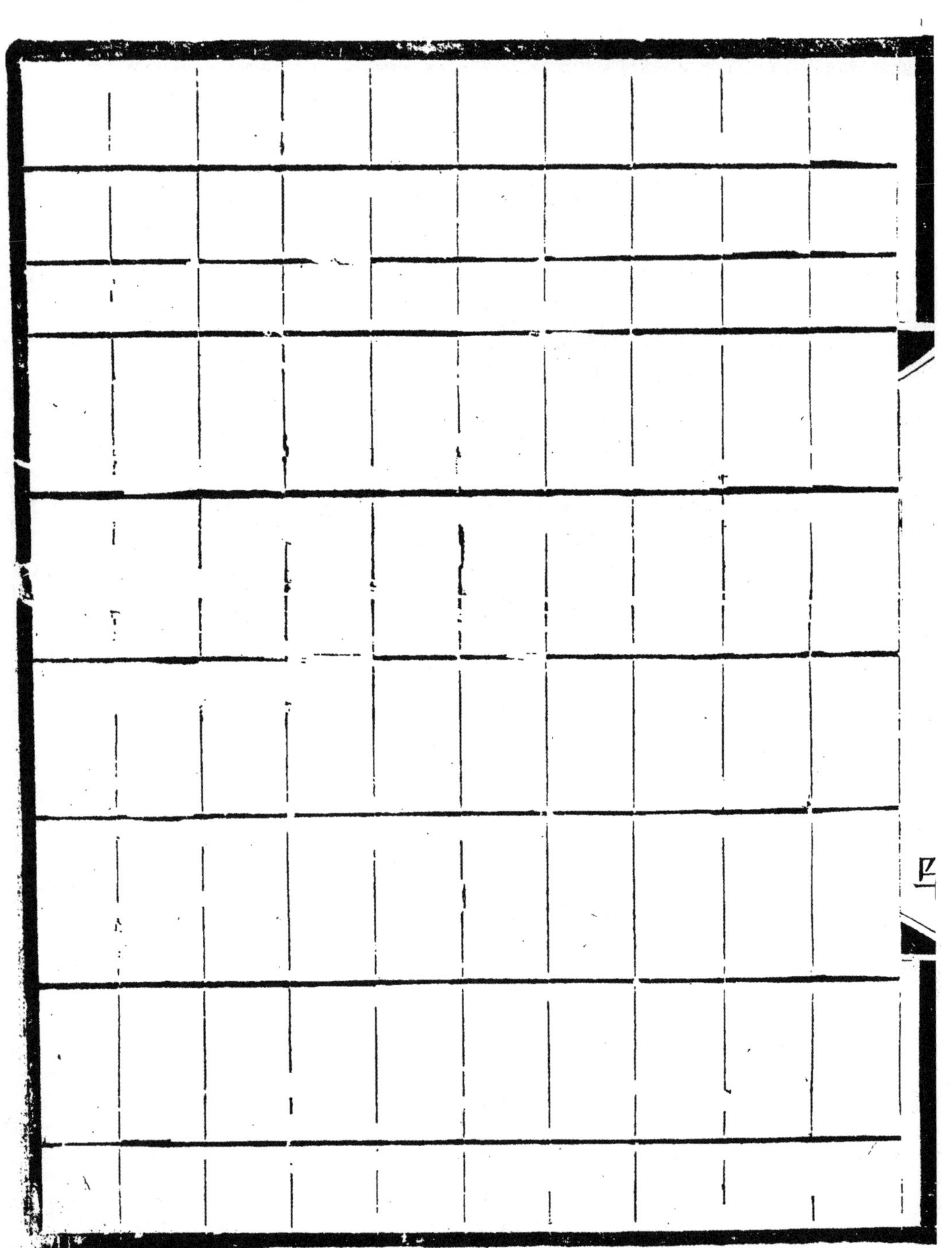

三姓表三 二十四節氣日日出日入時刻晝夜刻朦影刻

節氣	日出	日入	晝	夜	朦影	節氣
	時初正刻十分	時初正刻十分	十刻十分	十刻十分	十刻十分	
冬至	辰初三〇八	申正初〇七	三三〇〇	六三〇〇	〇七一四	冬至
小寒	辰初三〇三	申正初一三	三三一〇	六二〇五	〇七一二	大雪
大寒	辰初二〇四	申正一一一	三五〇七	六〇〇八	〇七〇九	小雪
立春	辰初初一四	申正三〇二	三八〇一	五七一四	〇七〇五	立冬
雨水	卯正三〇六	酉初初〇九	四一〇三	五四一二	〇七〇三	霜降
驚蟄	卯正一一一	酉初二〇四	四四〇八	五一〇七	〇七〇二	寒露
春分	卯正〇〇〇	酉正初〇〇	四八〇〇	四八〇〇	〇七〇四	秋分

清明	卯初二○四	酉正一二	五一○七	四四○八	○七○八	白露
穀雨	卯初初○九	酉正三○六	五四一二	四一○三	○八○二	處暑
立夏	寅正三○一	戌初初一四	五七一四	三八○一	○九○一	立秋
小滿	寅正一一	戌初一○四	六○○八	三五○七	一○○五	大暑
芒種	寅正初一二	戌初三○三	六二○五	三三一○	一一一二	小暑
夏至	寅正初○七	戌初三○八	六三○○	三三○○	二二一○	夏至

三姓表四　二十四節氣日昏旦更點時刻

節氣	冬至日					
日躔赤道	十宮 十度 十分 十秒 ○○ ○○ ○○ ○○					
昏旦更點	初昏	起更	二更	三更	四更	五更
昏旦時初正刻十分	酉正初○六	酉正初○七	戌正一一○	亥正二二三	丑初初○二	寅初一○五

節氣	夏至日					
日躔赤道	十宮 十度 十分 十秒 ○六 ○○ ○○ ○○					
昏旦更點	初昏	起更	二更	三更	四更	五更
昏旦時初正刻十分	子初初○三	亥初三○八	亥正二二一	子初一一四	子正一○一	丑初初○四

小寒日

〇一一〇
八七六〇

攢點	平旦	初昏	起更	二更	三更	四更	五更	攢點	平旦
卯初二〇八	卯初三〇九	酉正初〇九	酉正初一二	戌正一一三	亥正二一四	丑初初〇一	寅初一〇二	卯初二〇三	卯初三〇六

小暑日

〇一一〇
八七六六

攢點	平旦	初昏	起更	二更	三更	四更	五更	攢點	平旦
丑初三〇七	子正三一二	亥初三〇三	亥正二〇八	亥正三〇〇	子初一一三	子正一〇二	丑初初〇七	丑初一〇〇	丑初三一二

大	寒	日						立	春
○一○二	一一二四							○一一七	二八二五
初昏酉正一○五	起更酉正一一一	二更戌正二○七	三更亥正三○二	四更子正三一三	五更寅初初○八	攢點卯初一○四	平旦卯初二一○	初昏酉正二○六	起更酉正三○一

大	暑	日						立	秋
○七○二	一一二四							○七一七	二八二五
初昏亥初二○四	起更亥正初○九	二更亥正一一四	三更子初一一○	四更子正一○五	五更丑初一○一	攢點丑初三○六	平旦丑正初一一	初昏亥初初一四	起更亥初二○○

日

二更	戌正三○四
三更	亥正三○六
四更	子正三○九
五更	丑正三一一
攢點	寅正三一四
平旦	卯初一○九

雨水日

五○○○
○五二二

初昏	酉正三二二
起更	戌初初○九
二更	亥初初○二
三更	亥正三一一

日

二更	亥正一○二
三更	子初一○六
四更	子正一○九
五更	丑初一一三
攢點	丑正二○○
平旦	丑正二○一

處暑日

五○○○
○五二八

初昏	戌正三○六
起更	戌正三○八
二更	亥正初○四
三更	子初一○一

驚蟄日

〇一一三
二六一四

四更	五更	攢點	平旦	初昏	起更	二更	三更	四更	五更
子正三〇四	丑正二一三	寅正二〇六	卯初初〇三	戌初一〇六	戌初二〇四	亥初一〇二	子初初〇一	子正二一四	丑正一一三

白露日

〇一一三
八六一四

四更	五更	攢點	平旦	初昏	起更	二更	三更	四更	五更
子正一一四	丑初二一一	丑正三〇九	寅初初〇七	戌正一〇四	戌正一一一	亥初三〇四	子初初一一	子正二〇四	丑初三一一

春分日

○○○○
○○○三

攢點	寅正初	一一
平旦	寅正二	〇九
初昏	戌初三	〇四
起更	戌正初	〇〇
二更	亥初二	〇三
三更	子初初	〇六
四更	子正二	〇九
五更	丑正初	一二
攢點	寅初三	〇〇
平旦	寅正初	一一

秋分日

○○○○
○○○三

攢點	寅初一	〇四
平旦	寅初二	一一
初昏	戌初三	〇四
起更	戌正初	〇〇
二更	亥初二	〇三
三更	子初初	〇六
四更	子正二	〇九
五更	丑正初	一二
攢點	寅初三	〇〇
平旦	寅正初	一一

清	明	日						穀	雨
〇三 一三	四八 二六							〇三 二七	五四 一〇
初昏戌正一〇四	起更戌正一一一	二更亥初三〇四	三更子初初一一	四更子正二〇四	五更丑初三一一	攢點寅初一〇四	平旦寅初二一一	初昏戌正三〇六	起更戌正三〇八
寒	露	日						霜	降
〇九 一三	四八 二六							〇九 二七	五四 一〇
初昏戌初一〇六	起更戌初二〇四	二更亥初一〇二	三更子初初〇一	四更子正二一四	五更丑正一一三	攢點寅正初一一	平旦寅正二〇九	初昏酉正三一二	起更戌初初〇九

日

二更亥正初〇四

三更子初一〇一

四更子正一一四

五更丑初二一一

攢點丑正三〇九

平旦寅初初〇七

立〇四一二

初昏亥初初一四

夏三一三五

起更亥初二〇〇

日

二更亥正一〇二

三更子初一〇六

日

二更亥初初〇二

三更亥正三一一

四更子正三〇四

五更丑正二一三

攢點寅正二〇六

平旦卯初初〇三

立一〇一二

初昏酉正二〇六

冬三一三五

起更酉正三〇一

日

二更戌正三〇四

三更亥正三〇六

小滿日									
○四 二七 四八 三六									
四更	五更	攢點	平旦	初昏	起更	二更	三更	四更	五更
子正一○九	丑初一一三	丑正二○○	丑正二○一	亥初二○四	亥正初○九	亥正一一四	子初一一○	子正一○五	丑初一○一
小雪日									
一○ 二七 四八 三六									
四更	五更	攢點	平旦	初昏	起更	二更	三更	四更	五更
子正三○九	丑正三一一	寅正三一四	卯初一○九	酉正一○五	酉正一一一	戌正二○七	亥正三○二	子正三一三	寅初初○八

芒種日	芒○五一三	種四二五二

攢點	丑初三○六
平旦	丑正初一一
初昏	亥初三○○
起更	亥初三○三
二更	亥正二○八
三更	子初一一三
四更	子正一○二
五更	丑初初○七
攢點	丑初一○○
平旦	丑初三一二

大雪日	大一一一三	雪四二五二

攢點	卯初一○四
平旦	卯初二一○
初昏	酉正初○九
起更	酉正初一二
二更	戌正一一三
三更	亥正二一四
四更	丑初初○一
五更	寅初一○二
攢點	卯初二○三
平旦	卯初三○六